한글 논어
썩은 나무에는 조각할 수 없고

```
인 지
생 략
```

한글 논어
썩은 나무에는 조각할 수 없고

초판1쇄인쇄   2000년 12월 10일
초판1쇄발행   2000년 12월 15일
지은이 : 지재희
펴낸이 : 이준영

회장 · 유태전
주간 · 김창완
편집 · 홍윤정 / 교정 · 강화진 / 영업 · 한만용 / 표지장정 · 끄레도
조판 · 태광문화 / 인쇄 · 천광인쇄 / 제본 · 기성제책 / 유통 · 문화유통북스

펴낸곳 : 자유문고
서울 영등포구 문래6가 56-1 미주프라자 B-102호
전화 · 2637 - 8988 · 676 - 9759 / FAX · 676 - 9759
등록 · 제2 - 93호(1979. 12. 31)

정가 10,000원

한글 논어

썩은 나무에는 조각할 수 없고

지 재 희 지음

자유문고

머 리 말
● ● ● ● ●

나는 안빈낙도 하는 선비의 집안에서 태어나 어려서부터 아버님에게서 유가적 전통 예법과 삶의 방식을 배우며 자랐다.

그래서 그런지 나는 뼛속 깊이, 그리고 미세 혈관이 미치는 말단 세포에 이르기까지 옛 성현의 가르침이 녹아 있어, 지금까지 살아 온 내 삶의 밑그림을 그려 주었다.

그러나, 그 훌륭하게 그려 주신 밑그림대로 살지 못하고, 거기에 내멋대로 색칠해 온 나의 생각과 행동은 밑그림을 많이 왜곡해 버린 것은 아니었는지 모르겠다.

나는 평소에 내가 어려서부터 새겨 읽었던 '논어'의 그 주옥 같은 말씀을 어떻게 하면 내 자녀들, 그리고 그 또래의 젊은이들에게 읽힐 수 있을까를 항상 생각해 왔었다.

동양 고전이란 것이 한자라는 읽기 어려운 문자로 기록돼 있고, 특히 서양 문화가 지배해 버린 오늘날에는 한자의 그림자만 보고도 그것은 어렵고 골치 아픈 글자라는 선입견을 갖게 되어 버렸다.

이렇게 한자 알레르기에 걸려 있는 젊은이들이 거부 반응 없이 동양 고전에 접근할 수 있는 방법을 찾다, '논어를 한글로 번역하되, 쉬운 우리식 표현과 젊은이들의 감각에 맞는 말로 써 보자.' 는 결론을 얻고 이 책을 쓰게 되었다.

'논어'에서 공자는 배움의 즐거움과 생애를 다 바쳐 파고들 만한 일로써 학문 탐구를 권하고 있다.

배운다는 일 그 자체만이 아니라, 배움을 통해 맺어진 스승과 제자의 관계가 일생을 통해 존경과 사랑으로 이어져 가고, 그 끈끈한 인간애로써 사회를 정화하고 나라의 풍습을 바르게 한다는 원대한 이상까지도 우리는 배울 수 있다.

그런 이상 사회를 우리는 영원히 만들 수 없는 것일까? 많은 젊은이들이 진지한 자세로 학문을 닦고, 순수한 사랑으로 사람과의 관계를 만들어 가기를 바라는 마음으로, 내 인생에 항상 빛으로 작용해 준 '논어'를 감히 권하면서 기도하는 마음으로 이 책을 썼다.

나는 이 책이 갖추고 있는 원래의 편찬 순서를 현대적 방식으로 바꾸어서 편집했다(공자님, 용서해 주십시오).

또 긴 글을 읽기 부담스러워하는 젊은이들의 취향에 맞게 짧은 문장으로 처리해, 마치 잠언 한마디를 가슴에 새기듯 읽을 수 있게 했고, 한자 원문도 실어 한문으로 읽는 맛도 느껴 보게 했다. 그리고 그 짧은 말씀 속에 감추어진 많은 뜻을 다 헤아리지 못할지도 모를 독자를 위해 옮긴이로서의 생각, 그러니까 해설이라고 해도 좋을 글을 덧붙였고, 공자의 문하에서 달통한 제자(총 80제자)들을 부록으로 엮었다.

나는 이 땅의 젊은이들이 다시 동양 고전을 사랑하고, 그 인간애에 바탕을 둔 사상과 철학을 자신의 정신적 자양으로 삼기를 바라면서 이 책을 바친다.

2000년 12월
옥인동 서재에서 창강(滄江) 씀

5

논어와 공자

· · · · ·

논어(論語)는 어떤 책인가

'논어'는 공자의 언행록(言行錄)으로, 공자의 사상과 행동, 그리고 제자들과의 문답, 공자와 왕래했던 사람들과의 대화를 수록한 책이다.

유학(儒學) 사상의 뿌리가 되는 인, 의, 예, 지(仁義禮智)에서부터, 나라를 다스리는 사람들이 갖추어야 할 인격과 심성에 관한 잠언 같은 말들, 개인의 인격 수양에 관한 교훈, 왜 배워야 하는지에 대한 끊임없는 역설, 그 밖에 공자의 개인적인 신상에 관한 말, 제자들의 말이나 행동에 대한 기록 등이 주요 내용을 이루고 있다.

공자가 죽고 난 뒤 제자들이 의논하여 편찬한 책이라는 뜻에서 '논어'라고 이름을 붙였는데, '어(語)'는 공자의 말, '논(論)'은 제자들의 토론이라는 뜻이다.

'논어'는 한 사람이 쓴 책이 아니라, 공자가 죽은 뒤 제자들이 기록을 모아 만든 것을 근거로, 전국 시대 여러 곳에서 여러 사람들의 손에 의해 보태지고 다듬어져, 한(漢)나라 때 완성된 것이 오늘날 우리가 만나는 '논어'이다.

그 후 많은 학자들이 논어 연구서를 발간했으며, 특히 북송(北宋)의 주희(朱熹)가 '논어집주(論語集註)' 7권 20편을 펴냄으로써 논어 연구를 완전히 체계화했다. 이후 유가(儒家)에서는 이 '논어집주'를 근간으로 삼아 학문을 해 왔다.

'논어'는 학이(學而), 위정(爲政), 팔일(八佾), 이인(里仁), 공야장(公冶長), 옹야(雍也), 술이(述而), 태백(泰伯), 자한(子罕), 향당(鄕黨), 선진(先進), 안연(顏淵), 자로(子路), 헌문(憲問), 위령공(衛靈公), 계씨(季氏), 양화(陽貨), 미자(微子), 자장(子張), 요왈(堯曰) 등 20편으로 구성되어 있다.

공자는 누구인가

공자는 기원전 551년 노(魯)나라 추읍에서 태어났다. 추읍은 지금의 산동성 남쪽 22Km에 있는 추현(鄒縣)이다.

공자의 아버지가 딸 아홉을 낳고, 나이 60에 젊은 여자를 얻어 공자를 낳았다.

공자의 이름은 구(丘)이고 자는 중니(仲尼)이다. 공자는 아버지를 닮아 체격이 장대한 미남자였다고 한다.

공자는 먹고 살기 위해 자기 신분에 맞는 일자리를 찾아 19세 때 위리(委吏-회계)라는 벼슬을 했고, 송나라에 장가들어 이듬해 아들을 낳았다. 21세 때 가축을 관리하는 벼슬을 했고, 24세 때

7

어머니가 돌아가셨다. 30세 이후에 명망이 높아지면서 제자들을 가르치는 한편 유가(儒家) 건설에 착수한다. 당시에는 멸망한 은 (殷)나라의 유민들이 은나라의 문화와 풍속을 지키면서 부잣집 에서 예(禮)를 돌보거나 아이들의 교육을 맡았는데, 이들이 유가 (儒家)의 뿌리이다.

공자는 35세 되던 해 노나라의 정세가 어지러워지자 자신의 뜻 을 펴기 위해 제나라로 찾아간다. 제나라 또한 정세가 어지러워 그 곳에서 1년여 만에 돌아온다. 이후 공자는 제자를 가르치면서 세월을 보냈다.

공자 나이 51세 때 중도(中都)의 읍재(邑宰)가 되었고, 사공(司 空-건설장관)을 거쳐 사구(司寇-법무장관)로 일했다. 55세 때 공 자는 노나라를 떠나 이후 13년 동안 여러 나라를 돌아다니게 되 었다.

공자는 자신의 학문과 사상과 철학을 현실 정치에 시행해 보려 고 늙은 몸을 이끌고, 위나라, 조나라, 송나라, 진나라, 초나라, 제 나라, 섭나라, 채나라 등 중국 천하를 주유했지만, 세상은 난세라서 어느 누구도 공자에게 높은 도덕 정치를 펼 기회를 주지 않았다.

이것이 하늘의 뜻인 것을 알고 공자는 68세에 고향인 노나라로 돌아온다. 공자는 '나를 알아 주는 사람이 있으면 3년 정도면 좋 은 정치를 볼 수 있을 것이다.'라고 한탄하기도 하고, '나를 알아 주는 사람이 없구나, 나를 알아 주는 것은 하늘일 것이다.'라고 비 통한 심사를 토로하기도 했다.

고향인 노나라로 돌아온 후 제자들과 함께 경전을 산정하고, '춘 추(春秋)'를 저작하고, 우주 원리의 심오한 사상이 담긴 '주역

(周易)'을 풀이하는 등 동양 사상에 지대한 영향을 끼친 위대한 업적을 남겼다.

공자 나이 69세에 아들 이(鯉)가 죽고, 이듬해에는 수제자 안회(顔回)가 죽고, 72세 되던 해에는 자로(子路)가 비명에 죽었다. 공자는 '하늘이 나를 망하게 하는구나.' 하고 통곡했다.

공자는 73세 되는 해인 기원전 479년 4월에 서거했다. 노나라 성 북쪽 사수(泗水) 가에 묻혔는데, 공자의 덕을 흠모하는 사람들이 무덤 곁으로 이사와 살기 시작하면서 1백여 호의 마을을 이루었다. 사람들은 그 마을을 공리(孔里)라고 불렀다.

공자의 제자들

'사기(史記)'에는 공자의 제자가 3천 명이었다고 기록되어 있다. 그 중 학문에 통달한 사람이 72명이었다고 한다.

공자가 노나라를 떠나기 전(56세)부터 제자가 된 사람들과, 다시 노나라로 돌아온 이후(68세)에 제자가 된 사람들로 나누어 볼 수 있는데, 선배 그룹은 공자를 따라다니면서 실제로 정치에 참여했기 때문에 정치, 군사, 외교 등에서 많은 일을 했고, 후배 그룹은 공자가 만년에 학문 연구에 힘쓸 때였으므로 학문과 사상 방면에 많은 업적을 남겼다.

자로, 염유, 재여, 자공, 민자건, 염백우, 중궁, 원헌, 자고 등이 선배 그룹이고, 자유, 자하, 자장, 증자, 유약, 번지, 칠조개 등이 후배 그룹에 속한다.

9

공자는 4과10철(四科十哲)이라고 해서 뛰어난 제자 10명을 네 분야로 나누어 이름을 직접 거명했다.

덕행 분야에 안연, 민자건, 염백우, 중궁.

언어 분야에 재아, 자공이며.

정치 분야에 염유, 계로.

문학 분야에 자유, 자하가 그들이다.

'논어'에 이름이 나오는 제자는 26명인데 그들은 다음과 같다.

1. **안회**(顔回) : 자는 자연(子淵)이며 노(魯)나라 사람. 성과 자를 합해 안연이라고도 부른다. 41세에 공자보다 먼저 죽었다. 어질고 덕행이 있는 수제자로 공자의 아낌을 받았다. 연국복성공(兗國復聖公)에 봉해졌다.

2. **민손**(閔損) : 자는 자건(子騫)이며 노나라 사람이다. 효행으로 이름이 났으며 과묵하고 온화한 인품의 군자로 정의심이 강했다. 비공(費公)에 봉해졌다.

3. **염경**(冉耕) : 자는 백우(伯牛)이며 노나라 사람이다. 공자가 노나라 사구가 되었을 때 그는 노나라 중도의 읍재가 되었다고 한다. 운공(鄆公)에 봉해졌다.

4. **염옹**(冉雍) : 자는 중궁(仲弓)이며 노나라 사람이다. 염경의 아들. 한때 계씨 영지의 읍재를 지냈다. 덕행이 뛰어났으나 말솜씨가 없었다. 설공(薛公)에 봉해졌다.

5. **염구**(冉求) : 자는 자유(子有)이며 노나라 사람이다. 성격이 온화하고 겸손했으나 소극적이었다. 권문세가인 계씨의 가신이 된 적이 있었다. 서공(徐公)에 봉해졌다.

6. **중유**(仲由) : 자는 자로(子路)이며 변(卞) 땅 사람이다. 정직하고 용

10

감한 성품을 가졌으나 성질이 급하고 좀 덤벙대는 버릇이 있었다고 한다. 위공(衛公)에 봉해졌다.

7. 재여(宰予) : 자는 자아(子我)이며 노나라 사람이다. 낮잠을 자다 공자에게 꾸지람을 들었으며 언변이 좋았다. 제공(齊公)에 봉해졌다.

8. 단목사(端木賜) : 자는 자공(子貢)이며 위(衛)나라 사람이다. 총명하고 이재에 밝았다. 노나라와 위나라에 벼슬하여 외교 담판에 성공을 거두기도 했다. 여공(黎公)에 봉해졌다.

9. 언언(言偃) : 자는 자유(子游)이고 오(吳)나라 사람이다. 오나라 사람으로 노나라 무성의 읍재가 되어 예악정치(禮樂政治)를 하려고 했다. 오공(吳公)에 봉해졌다.

10. 복상(卜商) : 자는 자하(子夏)이며 위(魏)나라 사람이다. 유가의 경전을 전승하는 데 공이 많음. 108세까지 살았다. 위공(魏公)에 봉해졌다.

11. 전손사(顓孫師) : 자는 자장(子張)이며 진(陳)나라 사람이다. 그가 젊었을 때 공자가 죽었으므로 많은 가르침을 받지는 못했다. 진공(陳公)에 봉해졌다.

12. 증삼(曾參). 자는 자여(子輿)이며 노나라 사람이다. 공자의 도를 행하는 데 제일인자였다. 효로 이름이 난 사람. 성국종성공(郕國宗聖公)에 봉해졌다.

13. 담대멸명(澹臺滅明) : 자는 자우(子羽)이며 무성(武城)사람이다. 매우 못생겼으나 인품은 훌륭했다고 한다. 금향후(金鄕侯)에 봉해졌다.

14. 복부제(宓不齊) : 자는 자천(子賤)이며 노나라 사람이다. 선보후(單父侯)에 봉해졌다.

11

15. **원헌**(原憲) : 자는 자사(子思)이며 송(宋)나라 사람이다. 과묵하고 깨끗한 인품의 소유자. 공자가 사구로 일할 때 집사로서 공자를 도왔다. 임성후(任城侯)에 봉해졌다.

16. **공야장**(公冶長) : 자는 자장(子長)이며 제(齊)나라 사람이다. 고밀후(高密侯)에 봉해졌다.

17. **남궁괄**(南宮括). 자는 자용(子容)이며 노나라 사람이다. 공자의 조카사위. 공자의 형의 딸을 그에게 시집보냈다. 여양후(汝陽侯)에 봉해졌다.

18. **증점**(曾點) : 자는 자석(子晳)이며 노나라 무성 사람이다. 증삼의 아버지. 채무후(菜蕪侯)에 봉해졌다.

19. **안무요**(顔無繇) : 자는 계로(季路). 안회의 아버지. 최초의 제자들 중 한 사람. 기국후(杞國侯)에 봉해졌다.

20. **고시**(高柴) : 자는 자고(子羔)이며 위(衛)나라 사람이다. 키가 작고 추남이었으나 소박한 인간미를 가진 사람. 공성후(共城侯)에 봉해졌다.

21. **칠조개**(漆雕開) : 자는 자개(子開)이며 채나라 사람이다. 평여후(平興侯)에 봉해졌다.

22. **사마경**(司馬耕) : 자는 자우(子牛)이며 송나라 사람이다. 성질이 조급하고 말이 많았다고 한다. 수양후(睢陽侯)에 봉해졌다.

23. **번수**(樊須) : 자는 자지(子遲)이며 노나라 사람이다. 익도후(益都侯)에 봉해졌다.

24. **유약**(有若) : 자는 자유(子有)이며 노나라 사람이다. 용모가 공자와 비슷하여, 공자가 죽은 후 유약을 공자 대신 삼아 스승의 예를 행하자는 이야기가 나오기도 했다. 평음후(平陰侯)에 봉해졌다.

12

25. **공서적**(公西赤) : 자는 자화(子華)이며 노나라 사람이다. 공자가 죽었을 때 장례 위원장직을 맡았다. 거야후(鉅野侯)에 봉해졌다.

26. **무마시**(無馬施) : 자는 자기(子期)이며 노나라 사람이다. 동아후(東阿侯)에 봉해졌다.

13

차 례

· · · · ·

14

제 2 장 이런 사람이 되라 / 67

15

16

제3장 어떻게 살 것인가 / 129

18

제 5 장 나라를 어떻게 다스릴 것인가 / 249

① 배우고 익혀라

공자가 말했다.
인(仁)을 좋아하면서
배우기를 좋아하지 않으면 어리석어지고
지혜를 좋아하면서
배우기를 좋아하지 않으면 방탕해지고
믿음을 좋아하면서
배우기를 좋아하지 않으면 남을 해치게 되고
정직함을 좋아하면서
배우기를 좋아하지 않으면 각박해지고
용기를 좋아하면서
배우기를 좋아하지 않으면 난폭해지고
굳세기를 좋아하면서
배우기를 좋아하지 않으면 과격해진다.

인생의 즐거움

공자가 말했다.

배우고 때때로 익히니, 기쁘지 아니한가.

친구가 먼 곳에서 찾아오니, 이 또한 즐겁지 아니한가.

남이 알아 주지 않아도 노여워하지 않는 이 사람이야말로 진실한 군자가 아니겠는가.

■

學而時習之 不亦說乎, 有朋自遠方來 不亦樂乎, 人不知而不慍 不亦君子乎(학이시습지 불역열호, 유붕자원방래 불역낙호, 인부지이불온 불역군자호)

[옮긴이 생각]

새로운 것을 배우고 배운 것을 때때로 익혀, 세상 보는 눈이 열리고 지혜의 샘이 솟는다면, 그보다 더 큰 기쁨이 어디 있겠는가.

저 먼 곳에 사는 친구가 나와 친하기 위하여 나를 찾아왔다. 그 친구와 함께 학문을 논하고 세상 돌아가는 이야기를 하며, 서로 뜻이 맞아 고담준론으로 밤새는 줄 모른다면 이보다 더 큰 즐거움이 어디 있겠는가.

세속적인 즐거움이 아니라 높은 학문과 고매한 인격을 겸비한 사람들이 서로 뜻이 통하는 데에서 인생의 진미를 맛보며 높은 차원의 도(道)에 심취한 경지를 논한 것이다.

2
·····
시란 무엇인가

공자가 말했다.

'시경'에 있는 3백여 편의 시들을 한 마디 말로 요약한다면, '생각에 잡티(사심 : 私心)가 없는 것〔순수한 마음〕'이다.

■

詩三百 一言以蔽之 曰思無邪(시삼백 일언이폐지 왈사무사)

[옮긴이 생각]

시(詩)란 무엇일까? 예로부터 시를 정의한 말은 수없이 많았다. 아리스토텔레스의 '시론'에서부터 현대의 시인이나 학자들에 이르기까지, 참으로 무수한 사람들이 한 권의 책으로 썼어도 모자랄 만큼, 시란 정의하기 어려운 것인지도 모른다. 그러나 공자의 이 말처럼 시를 가장 적은 언어로 가장 정확하게 정의한 말도 없을 것이다. 이렇게 단순 명쾌하게 정곡을 찌른 공자의 지적 (知的) 수준에 감탄하지 않을 수 없다.

26

3
• • • • •
옛것을 익혀 새것을 터득하면

공자가 말했다.

옛것을 익혀 새것을 터득하면, 다른 사람의 스승이 될 수 있다.

■

溫故而知新 可以爲師矣

(온고이지신 가이위사의)

4
·····
나는 그 나이에

공자가 말했다.

나는 열다섯 살 때 학문에 뜻을 두었다.

서른에는 삶의 목표를 세웠다.

마흔에는 세상 일에 현혹되지 않았다.

쉰에는 하늘의 뜻을 알 수 있었다.

예순에는 귀가 뚫렸다.

일흔에는 마음 내키는 대로 행동해도 법도에 어긋나지 않았다.

■

十有五而志于學 三十而立 四十而不惑 五十而知天命 六十而耳順 七十 而從心所欲 不踰矩 (십유오이지우학 삼십이립 사십이불혹 오십이지천명 육십이 이순 칠십이종심소욕 불유구)

[옮긴이 생각]

많은 사람들이 즐겨 쓰는 말이다. 세대별로 완성해야 할 삶의 목

28

표를 제시한 말이기 때문이다.

10대에는 공부를 열심히 하고, 30대에는 삶의 목표를 세우고, 40대에는 잘못에 빠지지 않을 만큼 세상을 보고 판단하는 능력을 기르고, 50대에는 우주의 섭리를 깨닫고, 60대에는 어떤 말이라도 그 말 뒤에 감추어진 진실을 이해할 수 있게 되어 세상을 품에 품는 이해력을 갖고, 70대에는 마치 신처럼 내 멋대로 살아도 그것이 사회의 법도와 일치하여 남에게 해를 미치거나 질서에서 벗어나거나 하지 않게 된다는, 참으로 심오하고 이상적인 공자다운 학문의 경지를 극적으로 표현한 말이다.

5
. . . . .
모르는 것을 모른다고 하라

공자가 말했다.

배우면서 사색하지 않으면 진리를 이해하지 못하고, 혼미에 빠져 아무것도 얻지 못한다.

사색만하고 배우지 않으면 위험한 사상에 빠져 불안해진다.

공자가 말했다.

바른 학문이 아닌 이단은 해로울 뿐이다.

공자가 말했다.

유(由)야, 너에게 '안다'는 것이 무엇인지 가르쳐 주마.

알면 안다고 말하고, 모르면 모른다고 말하는 것이 참으로 아는 것이다.

30

學而不思則罔 思而不學則殆

(학이불사즉망 사이불학즉태)

攻乎異端 斯害也已

(공호이단 사해야이)

由 誨女知之乎 知之爲知之 不知爲不知 是知也

(유 회여지지호 지지위지지 부지위부지 시지야)

[옮긴이 생각]

학문하면서 널리 배우고, 깊이 살펴서 묻고, 신중하게 생각하고, 밝게 분별하며, 조심스럽게 행동하는, 이 다섯 가지 중 한 가지라도 폐지하면 학문하는 방법이 아니다. 배우고 자신의 마음에서 그것을 체득하여 사색하지 않으면 배운 것이 공허하여 아무런 소득이 없다. 배운 것을 자신의 몸에 익히지 않으면 불안해지고 위험한 일에 빠지기 쉽다는 것을 의미한다. 곧 성인(聖人)의 도(道)가 아닌 곳에 한번 빠지게 되면 자신에게 해가 미친다는 것이다.

공자는 또 제자인 자로에게 아는 것이 무엇인가를 가르치고 있다. 아는 것을 안다고 하고 잘 알지 못하는 것을 알지 못한다고 하는 것이 참으로 아는 것이라는 말이다.

☞유(由) : 공자의 제자 중유(仲由). 자는 자로(子路). 노나라 사람이다.

31

6
* * * * *
음악이란

　공자가 노나라 태사에게 음악에 대하여 말했다.
　음악은 시작할 때는 여러 악기가 합하여 그 소리가 일시에 울려 퍼지고, 각각의 악기들이 거리낌 없이 소리의 조화를 이루며, 절정에 이르러 음색이 명료해지고, 끊어질 듯 끊어질 듯 이어져 한 장르를 이루는 것이다.

■

始作 翕如也 從之 純如也 皦如也 繹如也 以成
(시작 흡여야 종지 순여야 교여야 역여야 이성)

　[옮긴이 생각]
　오음(五音 : 宮商角徵羽)과 육률(六律)이 갖추어지지 않으면 음악이 되지 못하는 것이다. 오미(五味)가 서로 합해져야 좋은 맛을 내는 것 같이 다섯 음절이 조화를 이루어야 음악이 된다.

☞태사(太師) : 노(魯)나라의 음악을 관장하는 벼슬.

32

7

아침에 도를 깨우치면

공자가 말했다.

아침에 도를 깨우치면 저녁에 죽어도 좋다.

■

朝聞道 夕死 可矣 (조문도 석사 가의)

[옮긴이 생각]

이 말도 인류에 널리 회자된 유명한 말이다. 이 말 한 마디에서 우리는 공자의 학문에 대한 절절한 깨우침을 읽을 수 있다. 도를 깨우친다는 말은 세상 이치를 터득하게 된다는 뜻이다. 즉 열심히 공부해서 격물치지(格物致知)가 이루어진다는 뜻이다. 진리를 터득하게 된다면 곧바로 죽어도 좋다는 이 말은 세상의 이치를 모두 터득하였으므로 하나의 대자연 상태로 돌아가도 된다는 것을 의미한다. 공자의 이 비장하기까지 한 정신의 세계야말로, 우리 삶의 청량제 같은 신선한 맛을 주고 있다.

8
. . . . .
썩은 나무에는 조각할 수 없고

낮잠 자는 재여를 보고 공자가 말했다.

썩은 나무에는 조각할 수 없고, 썩은 흙으로 쌓은 담장은 흙손질을 할 수 없다. 너 같은 사람을 무슨 말로 꾸짖을 수 있겠는가.

지금까지 나는 사람을 볼 때 그 사람의 말만 듣고 그 사람의 행실을 믿었는데, 이제는 그 사람이 하는 말을 듣고 그 사람의 행실까지도 살피게 되었다. 재여 때문에 생각을 바꾸었다.

■

朽木 不可雕也 糞土之墻 不可杇也 於子與 何誅
(후목 불가조야 분토지장 불가오야 어자여 하주)
始吾人也 聽其言而信其行 今吾於人也 聽其言而觀其行 於子與 改是
(시오인야 청기언이신기행 금오어인야 청기언이관기행 어자여 개시)

☞재여(宰予) : 공자의 제자. 자는 자아(子我). 노나라 사람으로 언변이 좋았다.

34

9

· · · · ·

스스로 포기하지 마라

염구가 공자에게 말했다.

"저는 선생님의 가르침을 따라갈 능력이 부족합니다."

공자가 말했다.

"능력이 없는 사람이란 중간쯤 가다가 중지하는 사람이다. 지금 너는 능력의 한계에 스스로 선을 긋고 포기하려 하는구나."

[옮긴이 생각]

염구(冉求)는 공자의 제자 중에서 예술 방면에 뛰어난 소질을 갖고 있었다. 그런 그가 스스로 능력에 한계를 짓고 '나는 할 수 없다'고 포기한 것이다.

이것을 공자가 지적하여, 할 수 있는 가능성을 가지고 있으면서 하고자 하는 의욕이 없음을 깨우쳐 준 말로, 자신이 게을러 길을 가다가 중도에 포기하는 것이라는 말이다.

10
. . . . .
배우는 자의 자세

공자가 말했다.

말린 고기 한 묶음만 가지고 온 사람이라도 나는 가르치지 않은 적이 없다.

스스로 알려고 하지 않으면 깨우쳐 주지 않았고, 아는 것을 표현하려 애쓰지 않으면 말하도록 도와 주지 않았다. 한 귀퉁이를 가르쳐 주었는데 나머지 세 귀퉁이를 미루어 알지 못하면 다시 가르치지 않았다.

■

自行束修以上 吾未嘗無誨焉

(자행속수이상 오미상무회언)

不憤 不啓 不悱 不發 擧一隅 不以三隅反 則不復也

(불분 불계 불비 불발 거일우 불이삼우반 즉불부야)

[옮긴이 생각]

공자 시절에 중국에서는 제자가 되려 하는 사람은 스승에게 예물을 가지고 찾아가 제자 되기를 청했다. 속수(束修)는 육포 10개를 한 묶음으로 엮은 최소한의 예물이다. 공자는 그런 하찮은 것을 예물로 가지고 오더라도 그의 성의가 예의를 차릴 줄 아는 사람이라면 제자로 받아들였다. 공자의 욕심 없는 마음과 후진 양성에 대한 열의를 엿볼 수 있는 말이다.

그러나 제자들이 배우는 데 열과 성을 다하지 않으면 가르치지 않았다. 또 하나를 가르쳐 주면 셋까지 알려고 노력하지 않는 자는 그 다음의 교육을 시키지 않았다.

노력하는 자는 이끌어 주고 노력하지 않는 자는 다시 노력하도록 기회를 주는 교육 방법이다.

11
. . . . .
역을 배우리라

공자가 말했다.

하늘이 내게 몇 년을 더 살게 해 준다면, 나는 '역(易)'을 배우
리라. 그러면 큰 잘못은 저지르지 않으리라.

■

加我數年 五十以學易 可以無大過矣
(가아수년 오십이학역 가이무대과의)

[옮긴이 생각]

역(易)은 천문·지리·인사의 모든 현상과 형이상학과 형이하
학적인 철학을 인간의 생활과 결부시켜 일체성을 밝힌 철학이다.

그러므로 인생의 여러 경험이 축적된 황혼기에 역을 공부하면
'역'을 제대로 이해할 수 있을 것이라는 공자의 자평이다.

또 그 때에 이르러야 '주역'을 공부하여도 사회에 큰 잘못을 저
지르지 않고 인생을 마칠 수 있을 것이라는 뜻이다.

☞주희(朱熹)는 주석에서 유안세(劉安世)의 주석을 인용하여 加(가)는 假(가)
와 같고, 五十(오십)은 卒(졸)의 잘못된 글자라고 했다.

38

12

.....
먹는 것도 잊고 늙어가는 것도 모른다

섭공이 자로에게 물었다.

"공자는 어떤 사람입니까?"

이 물음에 자로는 대답하지 못했다.

자로가 대답하지 못했다는 말을 듣고 공자가 말했다.

"자로야, 너는 어찌하여 이렇게 말하지 않았느냐. '그는 학문에서 구하는 것[道]을 얻지 못하면 분발하여 먹는 일도 잊어버리고, 구하는 것[道]을 얻으면 그것이 즐거워 근심도 잊어버려, 자신에게 늙음이 닥치는 줄도 모르고 사는 사람'이라고 말이다."

☞ **섭공**(葉公) : 초나라 대부. 이름은 심제량(沈諸梁).
☞ **자로**(子路) : 공자의 제자 중유(仲由). 노나라 사람으로 정직하고 용감했다.

13

나는 숨기는 것이 없다

공자가 말했다.

너희는 내가 뭔가를 숨기고 있다고 생각하느냐. 나는 너희에게 숨기는 것이 없다. 나는 너희와 함께하지 않은 일이 없다. 그런 사람이 바로 나다.

■

二三子 以我爲隱乎 吾無隱乎爾 吾無行而不與二三子者 是丘也
(이삼자 이아위은호 오무은호이 오무행이불여이삼자자 시구야)

[옮긴이 생각]

공자의 제자들은 자신의 무능과 게으름은 생각지 않고, 그 학문의 세계가 너무 심오하여 자신들이 그 심오한 깨달음의 세계에 다다를 수 없는 것이, 공자가 자기들에게 다 가르쳐 주지 않아서 그런 것이 아닌가 의심했다. 공자는 자기가 알고 있는 것은 모두 가르쳐 주지 않은 것이 없다고 제자들을 꾸짖은 말이다.

40

14

흙 한 삼태기로 산을 이루고

공자가 말했다.

흙을 쌓아올려 산을 만든다고 해 보자. 흙 한 삼태기만 보태면 봉우리가 이루어질 것을, 거기에서 그만둔다 해도, 그것은 나 스스로 그만둔 것이다. 또 평지에 처음으로 흙 한 삼태기를 부어 산을 쌓아올리기 시작한다 해도, 그것은 나 스스로 한 일이다.

■

譬如爲山 未成一簣 止 吾止也, 譬如平地 雖覆一簣 進 吾往也
(비여위산 미성일궤 지 오지야, 비여평지 수복일궤 진 오왕야)

[옮긴이 생각]

흙으로 산을 쌓아올리는 일로써 학문하는 자세를 비유한 말이다. 학문이란 흙 한 삼태기씩 쌓아올려 산을 이루는 일처럼 어렵고 까마득한 일이지만, 시작도 자기 자신이 하는 것이고, 중도 포기도 자기 자신이 하는 것이다. 곧 학문에 임하는 마음 가짐이 가장 중요하다는 뜻이다.

41

15

세 사람이 함께 가면

공자가 말했다.

세 사람이 함께 가면 반드시 나의 스승이 있다. 좋은 사람을 가려 그를 따르고, 좋지 않은 사람의 행동은 거울삼아 나의 행동을 고치도록 한다.

■

三人行 必有我師焉 擇其善者而從之 其不善者而改之

(삼인행 필유아사언 택기선자이종지 기불선자이개지)

[옮긴이 생각]

내 주위의 모든 사람은 다 나의 스승이라는 말이다. 사람은 누구나 한 가지의 장점은 가지고 있게 마련이다.

그 장점을 본받아 따르고, 단점은 거울삼아 '나는 저렇게 하지 말아야지' 하고 다짐하면서 열심히 몸과 마음을 닦아 나가야 한다는 말이다.

42

　반성하고 행동을 고친다면 자신을 진취적으로 이끄는 견인차 역할을 하는 것이다. 그러므로 세 사람이 함께 가면 스승이 있다는 가르침이다.

16
●●●●●
아깝다 안회여

안회가 요절하자 공자가 말했다.

애석하게 나는 그의 학업이 전진하는 것을 보았을 뿐, 중지하는 것은 보지 못했구나. 싹이 돋아도 꽃을 피우지 못하는 것이 있고, 꽃은 피어도 열매를 맺지 못하는 것이 있구나.

■

吾見其進也 未見其止也
(오견기진야 미견기지야)
苗而不秀者 有矣夫 秀而不實者 有矣夫
(묘이불수자 유의부 수이불실자 유의부)

[옮긴이 생각]

공자가 3천여 명의 제자 가운데 가장 아끼던 이가 안회였다. 그런 안회가 젊은 나이에 죽자, 안타까워하며 '안회의 학문은 꽃을 피웠으되 열매를 맺지 못했다'고 비유한 말이다.

44

17
· · · · ·
뒤따라오는 이가 두렵다

공자가 말했다.

뒤따라오는 이가 두려운 법이다. 미래의 그들을 지금의 나만 못하다 할 수 있겠는가.

그러나 나이 마흔이나 쉰에 이르도록 이름을 드러내지 못하는 사람은 두려워하지 않아도 된다.

■

後生可畏 焉知來者之不如今也 四十五十而無聞焉 斯亦不足畏也已
(후생가외 언지래자지불여금야 사십오십이무문언 사역부족외야이)

[옮긴이 생각]

진취적인 기상으로 부지런히 학문을 닦는 젊은이에게는 무한히 발전할 수 있는 가능성이 있다. 그런 젊은이들을 격려하기 위해 공자는 이 말을 했을 것이다.

45

18
· · · · ·
함께 배울 수는 있어도

공자가 말했다.

함께 배울 수는 있어도 함께 도에 나아갈 수는 없고, 함께 도에
나아갈 수는 있어도 함께 뜻을 세울 수는 없으며, 함께 뜻을 세울
수는 있어도 함께 일을 잘 해 나갈 수는 없다.

■

可與共學 未可如適道, 可與適道 未可如立, 可如立 未可如權
(가여공학 미가여적도, 가여적도 미가여립, 가여립 미가여권)

[옮긴이 생각]

학문의 단계를 배움, 도(道), 신념, 자유의 네 단계로 설명했다.
학문에 뜻을 두고, 도덕이 무엇인지 알고, 바른 가치관을 가진 자
기 신념이 뚜렷한 사람이 되었다고 해도, 사상의 자유를 획득하여
융통성 있는 생각을 가진 사람이 드물고, 그 융통성을 발휘해서
시대에 적응하여 함께 의(義)를 창출해 내기란 어렵다는 말이다.

46

19

삶이 무엇인지 모르는데

계로가 공자에게 물었다.

"선생님, 귀신은 어떻게 섬겨야 합니까?"

공자가 말했다.

"사람 섬기는 일도 다하지 못하면서 어찌 귀신을 섬긴단 말이냐?"

자로가 다시 물었다.

"죽음이란 무엇입니까?"

공자가 말했다.

"삶이 무엇인지도 모르는데 어찌 죽음을 알겠느냐?"

[옮긴이 생각]

공자의 인간 중심주의, 현실 중심주의 사상이 잘 드러난 대화이다.

☞ 계로(季路) : 공자의 제자 자로(子路). 이름은 중유(仲由). 노나라 사람으로 정직하고 용감했다.

20
. . . . .
어떻게 가르쳐야 하나

어느 날 자로가 공자에게 물었다.

"선생님, 옳은 말을 들으면 곧바로 행동에 옮겨야 합니까?"

공자가 말했다.

"아버지와 형이 있는데 어찌 듣자마자 행동에 옮길 수 있겠느냐. 아버지와 형에게 말씀드린 다음에 따르는 것이 예의 아니겠느냐."

며칠 후 염구가 공자에게 물었다.

"선생님, 옳은 말을 들으면 곧바로 행동에 옮겨야 합니까?"

공자가 말했다.

"그렇다. 들으면 곧바로 행동에 옮겨야 한다."

이 말을 듣고 공서적이 공자에게 물었다.

"자로의 질문과 염구의 질문이 같은데, 선생님의 대답은 다릅니다. 저는 어떻게 이해해야 하겠습니까?"

공자가 공서적에게 말했다.

"염구는 성격이 소극적이어서 꾸물거리는 편이므로 서두르게 한 것이고, 자로는 성격이 적극적이어서 남의 일까지 자기가 다 하려고 하는 사람이므로 물러서게 한 것이다."

[옮긴이 생각]

제자들의 성격과 특성과 수준에 맞추어 가르친 공자의 교육 방법을 엿볼 수 있다.

지나치면 저지하여 지나치지 않게 하고, 미치지 못하면 이끌어 빨리 터득하게 해서 제자들 모두가 학문을 이루도록 도와 주는 맞춤 교육을 실시한 것이다.

획일화하고 몰개성화한 오늘날 우리의 교육 제도와 방법을 돌아보게 하는 말이다.

☞자로(子路) : 공자의 제자 중유(仲由). 성격이 솔직하고 용감해서 사태를 속단하는 단점을 가지고 있었다.
☞염구(冉求) : 공자의 제자. 자는 자유(子有). 노나라 사람. 성격이 온화하고 겸손하지만 다소 소극적인 단점을 가지고 있었다.
☞공서적(公西赤) : 공자의 제자. 자가 자화(子華)이므로 공서화라고도 부른다. 의식과 예법에 밝아, 공자가 죽었을 때 장례 위원장을 맡았다.

21
•••••
학문으로 벗을 모아라

증자가 말했다.

군자는 학문 동아리로 벗을 모으고, 벗의 장점을 본받아 나를 발전시켜야 한다.

■

君子以文會 以友輔仁

(군자이문회 이우보인)

[옮긴이 생각]

학문을 하면서 뜻이 같은 동지들을 벗으로 삼고 그 벗들과 함께 자신의 도(道)를 더욱 증진시키며 벗들의 장점을 취한다면 나를 발전시킬 수 있게 된다는 말이다.

☞증자(曾子) : 공자의 제자 증삼(曾參). 자는 자여(子輿). 공자의 도를 전하는 데 일인자였다.

50

22

• • • • •

먹지 않고 자지 않고 사색에 잠겨 보았으나

공자가 말했다.

내가 온종일 먹지 않고 밤새 자지 않고 사색에 잠겨 보았으나
별로 얻은 것이 없었다. 한 자라도 배우는 것만 못했다.

■

吾嘗終日不食 終夜不寢 以思 無益 不如學也

(오상종일불식 종야불침 이사 무익 불여학야)

[옮긴이 생각]

학문의 발전은 의문에서부터 시작한다고 공자는 말했다. 배우
고 의문을 풀고 하는 과정의 되풀이 속에서 학문은 발전하는 것
이다. 아무리 밤새워 생각에 잠겨 보았자 배움이 없는 생각은 한
낱 공상이나 잡념일 뿐 아무런 도움이 되지 못한다고, 공자는 자
신의 체험을 통해서 깨달은 바를 말하고 있다.

51

23
•••••
누구와 함께할까

공자가 말했다.

성격이 조화롭고 원만하고 성실한 사람을〔도를 함께할 수 있는 사람〕 제자로 삼아 가르치지 못한다면, 차라리 과격한 이상주의자나, 지조를 굽히지 않는 고집쟁이를 제자로 삼겠다. 과격한 이상주의자는 진취적이고 지조를 굽히지 않는 고집쟁이는 옳지 않은 일은 아예 하지 않을 것이기 때문이다.

■

不得中行而與之 必也狂狷乎 狂者 進取 狷者 有所不爲也
(부득중행이여지 필야광견호 광자 진취 견자 유소불위야)

[옮긴이 생각]

공자는 이상적인 인간상으로, 생각이 한쪽으로 치우쳐 편벽된 사람이 아닌, 자신과 도를 함께할 수 있는, 조화와 이해로 모든 것을 포용하고 조절할 줄 아는 사람을 생각했다.

52

그런 중도(中道)를 실천하는 사람은 만나기가 어려우므로, 우리가 일반적으로 괜찮은 사람이라고 생각하는 보통 수준의 사람보다는, 차라리 결점이 있더라도 과격한 이상주의자의 진취성과 지조를 소중히 생각하는 고집쟁이의 절조는 적절히 북돋아 주거나 제재하면, 훌륭한 인재로 키울 수 있는 가능성이 많다고 본 것이다.

24
· · · · ·
백성을 가르치면

공자가 말했다.

선인(善人)이 7년 동안 백성을 가르치면 그 백성을 싸움터에라도 나가게 할 수 있다.

백성을 가르치지 않고 싸움터에 내보낸다는 것은 백성을 버리는 짓이다.

■

善人 敎民七年 亦可以卽戎矣

(선인 교민칠년 역가이즉융의)

以不敎民戰 是謂棄之

(이불교민전 시위기지)

[옮긴이 생각]

충성, 효도, 신의, 예악(禮樂) 같은 학문의 이론으로 인간의 기본적인 도리를 가르쳐 백성을 교화하면, 풍속이 선량해지고 사회

54

의 질서가 확립되게 된다.

사회의 질서가 확립되고 도의가 퍼지게 되면 다른 나라가 침략하더라도 백성들이 충만한 충성심으로 정의를 지키기 위해 자발적으로 전쟁에 참여하여 용감히 싸울 것이다.

그러나 백성을 가르치지 않으면 왜 싸워야 하는지, 무엇을 위해 싸워야 하는지 모르기 때문에 목숨 걸고 싸우겠다는 의지가 없어 전쟁에서 이길 수가 없다.

이것은 백성을 죽음의 마당으로 내모는 것과 다를 것이 없다.

나라가 백성을 지켜 주지 못하고, 백성을 버리는 나라는 나라로서의 가치와 존재 이유가 없는 것이다.

25

.....

하나로써 모두를 꿰뚫어본다

공자가 자공에게 물었다.

"너는 내가 많이 배워 세상의 모든 이치를 다 알고 그것들을 기억하고 있는 사람이라고 생각하느냐?"

자공이 대답했다.

"저는 그렇게 알고 있습니다. 그렇지 않습니까?"

공자가 말했다.

"그렇지 않다. 나는 하나로써 모두를 꿰뚫어볼 뿐이다."

[옮긴이 생각]

성인(聖人)의 도(道)는 매우 큰 것이다. 성인이라도 모든 것을 두루 보고 다 알지 못하는데도 사람들은 성인은 많이 배우고 다 아는 것으로 간주한다.

성인이라고 다 알 수 있겠는가? 다만 성인은 널리 알려고, 힘써 모든 것을 하나로 연결시켜, 모든 사물을 꿰뚫어본다는 것이다. 그 '하나'는 용서한다는 뜻의 '서(恕)'를 말한다.

56

'서'는 내 마음으로 남의 마음을 헤아린다는 유학의 독특한 사랑의 원리이다.

공자는 이 '서'로써 유학의 행동 규범인 예법 – 經禮三百 曲禮 三千 – 을 관통하여 이해했다고 한다.

이처럼 학문을 하는 데는 하나의 핵심을 가지고 다른 모든 것을 이해해야지, 하나하나를 전부 기억하려는 것은 무리라는 뜻으로, 학문하는 방법을 자공에게 깨우쳐 준 말이다.

☞자공(子貢) : 공자의 제자 단목사(端木賜). 말솜씨와 재주가 뛰어난 사람. 이재에도 밝아 많은 재산을 모았다고 하며 공자의 여행 경비도 자공이 많이 부담했다고 전한다.

26

• • • • •

나도 어찌할 수 없는 사람

공자가 말했다.

'어떡하지, 어떡하지?' 하고 말하지 않는 사람은, 나도 어떻게
해야 할지 모르겠다.

■

不曰如之何如之何者 吾未如之何也已矣

(불왈여지하여지하자 오미여지하야이의)

[옮긴이 생각]

공부는 질문에서부터 시작된다. 질문은 진리에 대한 의문에서
생긴다. 진리를 탐구하지 않으면 의문이 생기지 않고, 의문이 없
다면 질문할 수 없고, 질문하지 않으면 앞으로 나아갈 수 없다.

가르치는 사람은 배우는 사람이 질문을 많이 할 때 가르칠 의욕
이 일어 더 많은 것을 가르쳐 주게 마련이다.

질문하지 않는 사람은 공자로서도 어떻게 이끌어야 할지 모르겠

다고 토로하고 있다.

'어떡하지 어떡하지?' 하는 것은 어떤 일을 처리하기에 앞서 깊이 생각하고 또 생각하여 처리한다는 뜻이다.

그렇게 깊이 생각하고 또 생각해서 일을 처리하면 실수가 없을 것이다.

생각하지 않고 성급하게 일을 처리하는 사람치고 일을 망가뜨리지 않는 사람이 없다.

그런 사람은 공자로서도 어떻게 해 볼 도리가 없다고 스스로 탄식한 것이다.

27

.....

가르치는 데 차별하지 않는다

공자가 말했다.
나는 가르치면서 사람을 차별하지 않는다.

■

有敎無類(유교무류)

[옮긴이 생각]
　유가(儒家)에서는 사람의 본바탕은 선한 것이라고 보았다. 그
러므로 선한 사람은 가르쳐서 더 발전하게 하고, 악한 사람은 가
르쳐서 선한 사람으로 이끌 수 있다고 본 것이다. 배우고자 하는
사람에게는 배움의 기회를 균등하게 주어, 빈부를 차별하지 않고,
귀천을 차별하지 않고, 유무능을 차별하지 않고, 화이(華夷·중화
민족과 이민족)를 차별하지 않고, 현명하고 우둔함을 차별하지 않
는다고 했다. 왜냐 하면 가르침으로써 그 차별성을 없앨 수 있다
고 믿었기 때문이다.

60

28
· · · · ·
말과 글은

공자가 말했다.

말과 글은 뜻을 전달하는 도구일 뿐이다.

■

辭達而已矣(사달이이의)

[옮긴이 생각]

내 생각과 뜻을 다른 사람에게 전달하는 수단으로 말과 글이 있다. 말을 아무리 그럴싸하게 잘한다 해도, 글을 아무리 미사여구로 꾸민다 해도, 내 뜻을 정확히 전달하지 못한다면 그 말과 글은 아무 소용이 없다. 뿐만 아니라 내 뜻이 왜곡되어 전달된다면, 그것은 차라리 말하지 않는 것만 못한 결과를 가져올지도 모른다. 말을 할 때와 글을 쓸 때는 무엇보다 먼저 나의 뜻을 어떻게 하면 정확하게 전달할 것인가를 생각해야지, 어떻게 하면 잘 꾸밀 것인가를 우선해서 생각하면 안 된다는 말이다.

61

29
•••••
편애하지 않는 가르침

공자의 제자 진항이 공자의 아들 백어에게 물었다.

"자네는 선생님의 아들이니까, 선생님께서 특별한 가르침을 주셨을 거야."

백어가 이 말을 듣고 대답했다.

"그런 일은 없었습니다. 언젠가 아버님께서 홀로 서 계실 때 제가 그 앞을 지나가는데, 저를 부르시더니 '시를 배웠느냐?'고 물으시기에 '아직 배우지 않았습니다.' 하고 대답했지요 아버님께서는 '시를 배우지 않으면 다른 사람과 대화할 수 없다.'고 말씀하셨습니다. 그 말씀을 듣고 저는 시를 공부했습니다. 또 하루는 홀로 서 계시기에 전과 같이 아버님 앞을 빨리 걸어가는데 저를 부르시더니 '예를 배웠느냐?'고 물으시기에 '아직 배우지 않았습니다.' 하고 대답하였더니, '예를 배우지 않으면 남 앞에 나갈 수가 없느니라.' 하시어서 저는 그 말씀을 듣고 예를 공부했습니다. 이 두 가지 가르침을 받았을 뿐입니다."

진항이 백어의 말을 듣고 기뻐하며

"나는 백어에게 한 가지를 물어 세 가지를 알았다. 왜 시를 배워야 하는지를 알았고, 왜 예를 배워야 하는지를 알았고, 우리 선생님은 아들이라고 해서 편애하거나 차별하지 않고, 제자들을 아들과 똑같이 가르쳐 주신다는 것을 알았다."
하고 말했다.

☞ 백어(伯魚) : 공자의 아들. 이름은 이(鯉)이고 백어는 자이다. 공자보다 먼저 죽었다.

30
배우지 않으면 생기는 여섯 가지 폐단

공자가 말했다.

인(仁)을 좋아하면서 배우기를 좋아하지 않으면 어리석어지고

지혜를 좋아하면서 배우기를 좋아하지 않으면 방탕해지고

믿음을 좋아하면서 배우기를 좋아하지 않으면 남을 해치게 되고

정직함을 좋아하면서 배우기를 좋아하지 않으면 각박해지고

용기를 좋아하면서 배우기를 좋아하지 않으면 난폭해지고

굳세기를 좋아하면서 배우기를 좋아하지 않으면 과격해진다.

■

好仁不好學 其蔽也愚, 好知不好學 其蔽也蕩, 好信不好學 其蔽也賊, 好
直不好學 其蔽也絞, 好勇不好學 其蔽也亂, 好剛不好學 其蔽也狂(호인불
호학 기폐야우, 호지불호학 기폐야탕, 호신불호학 기폐야적, 호직불호학 기폐야교, 호
용불호학 기폐야난, 호강불호학 기폐야광)

64

[옮긴이 생각]

사람이 한없이 어질기만 하면, 어리석은 바보처럼 보이기 쉽다. 그러므로 인(仁·사랑)에 대한 철학을 꾸준히 배워 사랑의 위엄을 보여야 한다.

지혜가 지나치면 모든 것을 지나치게 따지고 파고들어 추상적인 세계에 빠지게 된다.

믿음이 지나치면 과신(過信)하여 맹목적이 되거나 미신(迷信)에 빠져 결국에는 남을 해치고 자신도 해치게 된다.

사람이 너무 정직하면 인정이 각박해져서 목을 죄는 것처럼 답답해진다. 아버지가 양을 훔쳤다고 아들이 관가에 고발하는 것 같은 사태로 발전하게 되는 것이다.

무엇이 옳은 일이고 무엇이 옳지 않은 일인지 구분할 줄 모르면서 용맹스럽기만 한 사람은 난폭해질 수밖에 없다.

성격이 너무 강직하면 사고에 유연성이 없어져 과격한 강경파가 되고 만다.

그러므로 좋아하면 좋아할수록 반드시 연구하고 배워서 그 좋아하는 것에 대한 철학과 절제의 미학을 터득해야 한다고 공자는 성격이 급한 자로를 가르치고 있다. 다시 말해 맹목적으로 좋아해서는 안 된다는 가르침이다.

31
•••••
모르면서도 배우려하지 않는 사람

공자가 말했다.

태어나면서부터 다 아는 사람이 으뜸이요, 배워서 아는 사람은 그 다음이요, 알지 못함을 괴로워하며 애써 배우는 사람은 또 그 다음이요, 알지 못함을 괴롭게 여기면서도 배우려 하지 않는 사람은 모든 사람 가운데 맨 아래다.

■

生而知之者上也 學而知之者次也 困而學之者 又其次也 困而不學 民斯爲下矣 (생이지지자상야 학이지지자차야 곤이학지자 우기차야 곤이불학 민사위하의)

[옮긴이 생각]

인간은 태어나면서부터 세 분류의 두뇌가 있어 그 기질은 서로 다르지만 열심히 노력하여 대성공의 단계에 이르면 동일하다. 단 배우려 하지 않는 사람은 가장 하층의 인간이라는 것을 강조하였다.

66

② 이런 사람이 되라

자하가 말했다.
어진 사람을 어진 사람으로 인정해 주며,
어진 사람 좋아하기를
아름다운 여인 좋아하듯 하는 사람.
부모 모시기에 힘을 다하여 효도하고,
임금 섬기기에 몸을 바쳐 충성하는 사람.
사귀는 벗들이 모두 그의 말이라면
'팥으로 메주를 쑨다' 고 해도
무조건 믿어 주는 사람.
이런 사람이라면,
비록 배우지 못했다고 하더라도,
나는 그를 배운 사람이라고 인정할 것이다.

|
· · · · · ·
행실이 무겁지 않으면

공자가 말했다.

군자의 행실이 무겁지 않으면 위엄이 없고, 학문 또한 탄탄할 수 없다.

충성과 믿음을 삶의 지표로 삼고, 자기보다 못한 자와는 사귀지 말고, 자신에게 잘못이 있으면 고치기를 꺼리지 마라.

■

君子 不重則不威 學則不固, 主忠信 無友不如己者 過則勿憚改
(군자 부중즉불위 학즉불고, 주충신 무우불여기자 과즉물탄개)

[옮긴이 생각]

행실이 경박한 사람은 믿음성이 가지 않고, 그가 알고 있는 학문의 깊이와 넓이도 옹골차지 못하다. 내 삶의 중심에 충성과 믿음을 두고, 학문이나 행실이 나보다 못한 자와 사귀어 봤자 얻는 것보다는 잃는 것이 많을 것이니 그런 사람과는 사귀지 말고, 나의 허물이나 잘못을 고쳐 바로잡는 데 주저하지 말아야 한다.

68

2

•••••

인의 근본은 효와 우애

유자가 말했다.

부모에게 효도하고 형제간에 우애하는 사람 가운데, 윗사람 앞에서 도리에 벗어난 행동을 하는 사람은 드물다. 윗사람 앞에서 도리에 벗어난 행동을 하지 않는 사람 가운데, 법을 어겨 사회를 어지럽히는 사람은 없다.

군자는 근본을 찾는 데 힘써야 한다. 왜냐 하면 근본이 바로 서야 도가 생기기 때문이다. 부모에게 효도하는 일이나 형제간에 우애를 두터이 하는 일이 바로 '인(仁)'의 근본이다.

☞유자(有子) : 공자의 제자 유약(有若).
☞군자(君子) : 학식이 높고 인격이 고매하며 덕을 베풀어 존경을 받는 사람, 즉 이상적 인간상에 가까운 사람을 말한다.

3
· · · · ·
배운 사람이란

자하가 말했다.

어진 사람을 어진 사람으로 인정해 주며, 어진 사람 좋아하기를 아름다운 여인 좋아하듯 하는 사람.

부모 모시기에 힘을 다하여 효도하고, 임금 섬기기에 몸을 바쳐 충성하는 사람.

사귀는 벗들이 모두 그의 말이라면 '팥으로 메주를 쑨다'고 해도 무조건 믿어 주는 사람.

이런 사람이라면, 비록 배우지 못했다고 하더라도, 나는 그를 배운 사람이라고 인정할 것이다.

■

賢賢 易色, 事父母 能竭其力, 事君 能致其身, 與朋友交 言而有信, 雖曰未學 吾必謂之學矣(현현 역색, 사부모 능갈기력, 사군 능치기신, 여붕우교 언이유신, 수왈미학 오필위지학의)

☞자하(子夏) : 공자의 제자 복상(卜商). 위(衛) 나라 사람으로 문학에 뛰어났다.

70

4
. . . . .
사람 보는 방법

공자가 말했다.

그 사람의 행동을 보고, 그 사람이 왜 그렇게 행동했는지 그 동기를 살펴보고, 그 사람이 좋아하는 것을 살피면, 그 사람됨이 어찌 드러나지 않겠는가, 어찌 드러나지 않겠는가.

■

視其所以 觀其所由 察其所安 人焉瘦哉 人焉瘦哉
(시기소이 관기소유 찰기소안 인언수재 인언수재)

[옮긴이 생각]

사람들은 자신을 숨기려 하지만 이와 같은 관찰로써 그 사람을 탐색해 보면 모든 것이 명백하게 드러난다는 것이다.

공자의 인간 관찰법이라고 할 수 있다.

5
. . . . .
배부르기를 바라지 않으며

공자가 말했다.

군자는 배부르게 먹기를 바라지 않으며, 편안하게 살기를 바라지 않는다.

일을 처리할 때는 재빠르고, 말을 할 때는 조심하고, 도(道)가 있는 곳에 나아가서는 지켜야 할 도리를 좇아 바르게 행동한다.

이렇게 한다면 학문을 좋아한다고 말할 수 있다.

■

君子 食無求飽 居無求安 敏於事而愼於言 就有道而正焉 可謂好學也已
(군자 식무구포 거무구안 민어사이신어언 취유도이정언 가위호학야이)

[옮긴이 생각]

학문을 하는 선비는 세속적인 욕심이나 이해를 좇지 말고, 정의와 이상을 좇아 살아야 한다고 말하고 있다.

학문하는 선비가 배부르게 먹고 세상을 편안하게 살기를 바란다

72

면 학문도 할 수가 없고 사회는 어지러워지게 마련이다.

그런데 오늘날과 같은 자본주의 사회에서는 세속적인 성공이 곧 명예와 인품을 갖다준다고 믿는 세상이 되었다. 하지만 진실된 학문은 겉만 번지르르한 데 있지 않다.

이 사회는 인고를 견디며 학문을 하는 학자들의 힘에 의해서 발전하고 바뀌어 간다는 사실을 부정할 수는 없을 것이다.

6
·····
군자는 그릇이 아니다

공자가 말했다.

군자는 고정된 그릇이 아니다.

군자는 말하기 전에 먼저 실천하고, 말하고 나서는 말한 내용을 실천한다.

군자는 보편적이어서 한쪽으로 치우치지 않고, 소인은 한쪽으로 치우쳐서 보편성을 잃는다.

■

君子不器 先行其言 而後從之 君子周而不比 小人比而不周

(군자불기 선행기언 이후종지 군자주이불비 소인비이부주)

[옮긴이 생각]

그릇은 자기의 생긴 모양과 크기대로 밖에 담지 못하는 한계를 가지고 있다.

군자는 그릇처럼 자기 한계를 가져 융통성이 없는 사람이 아니

74

다. 작은가 하면 크고 네모인가 하면 둥글다.

군자는 말만 앞세우고 행동으로 실천하지 못하는 사람이 아니다. 행동으로써 말하고, 일단 말한 것은 반드시 실천한다.

또 군자는 보편성을 잃고 한쪽으로 치우치게 행동하지 않는다. 그러나 소인은 이와 반대가 된다. 이것이 군자가 소인들과는 다른 점이다.

군자는 반드시 보편 타당한 데에 생각과 행동의 근거를 둔다. 그러므로 군자의 생각과 행동은 한쪽으로 치우치지 않고 균형을 유지하여 중용의 도를 유지하는 것이다.

언어에 달통한 제자인 자공(子貢)이 군자에 대하여 묻자 공자가 대답한 말이다.

7
. . . . .
군자와 소인

공자가 말했다.

군자는 '어떻게 하면 덕을 베풀 수 있을까'를 생각하고, 소인은 '어떻게 하면 땅을 많이 가질 수 있을까'만을 생각한다.

군자는 '어떻게 하면 법도를 지킬까'를 생각하고, 소인은 '어떻게 하면 이익을 챙길까'만을 생각한다.

군자는 의(義)에 밝고 소인은 이(利)에 밝다.

■

君子懷德 小人懷土, 君子懷刑 小人懷惠, 君子喩於義 小人喩於利
(군자회덕 소인회토, 군자회형 소인회혜, 군자유어의 소인유어리)

[옮긴이 생각]

군자냐 소인이냐 하는 것은 그 사람의 생각과 말과 행동 여하에 따라서 구분되는 것이지, 태어날 때부터 군자와 소인이 구분되는 것은 아니다.

76

8

· · · · ·

얼룩소 송아지가

공자가 제자인 중궁(仲弓)을 칭찬하여 말했다.

얼룩소의 송아지가 털이 붉고 뿔이 바르게 돋았다면, 사람들이 희생으로 쓰지 않으려 해도, 산천의 신이 그냥 버려 두겠는가.

■

犁牛之子 騂且角 雖欲勿用 山川其舍諸

(이우지자 성차각 수욕물용 산천기사제)

[옮긴이 생각]

똑똑한 사람, 잘난 사람은 누군가의 눈에 띄어 결국 크게 쓰인다는 뜻. 옛날 중국에서 신에게 제사를 지낼 때는 붉은색 털과 뿔이 바르게 난 소를 희생 제물로 사용했다. 희생감으로 적격인 소를 사람들이 희생으로 쓰지 않으려고 해도, 신들이 그것을 원하므로 결국에는 희생으로 쓰이게 된다는 말이다.

9
• • • • •
공을 자랑하지 마라

공자가 말했다.

노나라의 맹지반(孟之反)은 전쟁에 패하여 달아날 때, 쫓아오는 적을 막으며 갔기 때문에 맨 뒤에 처졌다. 그러나 성문 안으로 들어갈 때는 말에다 채찍을 가하면서 "나는 일부러 뒤에 처지려고 한 것이 아니고, 말이 빨리 달리지 못해 뒤처졌을 뿐이다."고 말했다.

■

孟之反 不伐 奔而殿 將入門 策其馬曰 非敢後也 馬不進也
(맹지반 불벌 분이전 장입문 책기마왈 비감후야 마부진야)

[옮긴이 생각]

전쟁에 패하고 달아날 때는 서로 자기 목숨을 지키기 위해 앞다투어 도망가게 마련이다. 그런데 맹지반은 목숨을 걸고 부하들을 보호하기 위해 뒤처져 적을 막았다.

78

　맹지반은 이런 자기의 공을 내세우지 않고 말이 빨리 달리지 못해 뒤처진 것이라고 오히려 공을 감춘다.

　공자는 맹지반의 예를 들어 아랫사람을 다스리는 윗사람의 자세를 가르쳐 준다.

　사람은 누구나 자기 자랑을 하고 싶어한다. 인격이 고매한 사람만이 자기 자랑을 하지 않을 수 있음을 교훈으로 삼은 말이다.

10
. . . . .
본바탕과 꾸밈새

공자가 말했다.

꾸미지 않고 본바탕만 있으면 야인(野人)이요, 꾸밈이 지나쳐
본바탕을 가리면 사인(史人)이다. 본바탕과 꾸밈이 잘 어우러져
야 군자라 할 수 있다.

■

質勝文則野 文勝質則史 文質 彬彬然後 君子
(질승문즉야 문승질즉사 문질 빈빈연후 군자)

[옮긴이 생각]

본바탕은 있는 그대로를 말하고, 꾸밈은 지식이나 예의 등 밖으
로 드러난 표현을 말한다. 군자는 이 두 가지를 다 조화롭게 갖추
는 것이 중요하다는 뜻이다.

☞ 야인(野人) : 문화와 문명으로 세련되기 전의 모습대로 사는 사람들.
☞ 사인(史人) : 법령이나 관습에 얽매여 융통성 없게 사는 사람들.

80

11
군자를 속일 수 없다

재아가 공자에게 물었다.

"어진 사람은 누가 '우물에 사람이 빠졌다'고 거짓말 했을 때, 곧장 달려가 우물 속으로 들어갑니까?"

공자가 말했다.

"어찌 그러겠느냐. 군자를 우물까지 가게 할 수는 있어도, 우물에 들어가게 할 수는 없다. 군자를 그럴 듯한 말로 잠시 속일 수는 있을지 모르지만, 끝까지 속일 수는 없는 것이다."

[옮긴이 생각]

어진 사람은 위기에 빠진 사람을 구하기 위해 자기 몸을 돌보지 않고 애를 쓰지만, 또 한편으로는 상황 판단과 사리 판단을 잘 하는 사람이므로, 무모한 짓은 하지 않는다는 뜻이다.

☞ 재아(宰我) : 공자의 제자 재여(宰予). 자는 자아(子我). 노나라 사람으로 언변이 좋았음.

81

12
· · · · ·
나도 늙었구나

공자가 말했다.

나도 이제 너무 늙었구나! 참으로 오랫동안 꿈속에서 주공을 뵙
지 못했구나.

■

甚矣 吾衰也 久矣 吾不復夢見周公

(심의 오쇠야 구의 오불부몽견주공)

[옮긴이 생각]

공자는 젊었을 때부터 이상적 인간상인 주공을 흠모하여 주공
의 도를 실천하려 애썼다.

주공은 주나라의 창업을 비롯해 주나라의 모든 문물과 제도를
정비하여 고대 국가로서의 기틀을 완비한 사람이다.

공자의 정치적 이상이 주나라 봉건 제도를 회복하는 데 있었으
므로 항상 주공을 흠모했다.

그러나 공자도 늙고 쇠약해지니 주공의 도를 행하기에는 역부족이 되고, 꿈에서조차 주공을 볼 수 없어지고 말았다. 이런 자신의 처지를 한탄한 말이다.

젊었을 때 학문에 모든 것을 다 걸고 정진했던 공자도 늙어 이렇게 한탄하는데, 젊은 시절을 방황과 허망한 일에 탕진한 사람들은 어떻겠는가.

젊음을 헛되이 낭비하지 말라는 충고가 추상처럼 삼엄한 말이다.

☞ 주공(周公) : 주나라 초기의 정치가. 문왕의 아들이며 무왕의 동생이며 성왕의 숙부다. 이름은 단(旦). 무왕을 도와 은나라를 정복했고, 조카 성왕을 도와 주나라의 왕실을 튼튼히 했다. 성인(聖人)으로 추앙받는다.

13
· · · · ·
한결같은 마음으로

공자가 말했다.

나는 성인(聖人)을 만나 보지 못했는데, 군자다운 사람이라도 만나 보았으면 좋겠다.

나는 선한 사람을 만나 보지 못했는데, 한결같은 마음을 가진 사람이라도 만나 보았으면 좋겠다.

없으면서 있는 체하고, 비었으면서 가득한 체하고, 가진 것이 없으면서도 넉넉한 체하면, 한결같은 마음을 지니기 어려운 법이다.

■

聖人 吾不得而見之矣 得見君子者 斯可矣

(성인 오부득이견지의 득견군자자 사가의)

善人 吾不得而見之矣 得見有恒者 斯可矣

(선인 오부득이견지의 득견유항자 사가의)

亡而爲有 虛而爲盈 約而爲泰 難乎有恒矣

(무이위유 허이위영 약이위태 난호유항의)

84

[옮긴이 생각]

성인이나 군자는 학문을 함으로써 이루어지는 사람들이고 선한
사람이나 한결같은 마음을 가진 사람은 인간의 본바탕을 말한 것
이다.

전지전능한 능력을 가진 성인은 이 세상에 존재하지 않는다 해
도 지나친 말이 아니며, 지혜와 재주를 가진 덕망 있는 군자 또한
찾아보기 힘들다.

선한 사람도 찾아보기 힘들고, 자기 주체성을 가지고 바른 생각
으로 변함없이 살아가는 사람도 이 세상에는 드물다.

허위 의식으로 가득 찬 사람들이 활개치는 세상을 한탄한 말이다.

14
·····
군자도 편을 가르는가

진나라의 사패 직책에 있는 사람이 공자에게 물었다.

"노나라의 소공은 예를 아는 사람입니까?"

공자가 "그렇습니다. 소공은 예를 아는 사람입니다." 하고 대답하니, 그 사람이 이렇게 되물었다.

"군자는 공정한 사람이므로 자기 편을 옹호하지 않는다고 들었습니다. 그런데 선생께서는 노나라 사람인지라 노나라 임금인 소공의 편을 들어 말하는군요. 노나라 왕실과 오나라 왕실은 다같이 주나라의 후예로 희씨(姬氏) 동성동본입니다. 소공은 오나라에서 아내를 맞고도 동성동본인 것을 감추려고, 오희(吳姬·오나라의 희씨)라 부르지 않고 오맹자(吳孟子·오나라의 장녀)라고 불렀습니다. 그런 임금이 예를 안다고 하면 누가 예를 모르겠습니까?"

공자는 이 말을 듣고 다음 날 무마기에게

"나는 행복한 사람이다. 내게 잘못이 있으면 이렇게 지적해 주는 사람이 있으니 말이다."

하며 기뻐했다.

[옮긴이 생각]

성인도 잘 모르는 것이 있게 마련이다.

자신의 잘못을 솔직히 인정하고, 충고를 받아들이는 너그러운 마음이야말로 공자의 참모습이 아닐까.

소인배 같았으면, 온갖 궤변으로 자신의 말이 옳음을 주장했을 것이다.

☞진(陳) : 춘추시대(春秋時代)의 제후국.
☞사패(司敗) : 진(陳)나라의 법을 관장하는 관리.
☞소공(昭公) : 춘추시대 노나라 임금.
☞무마기(巫馬期) : 공자의 제자이며 노나라 사람이다. 무마는 성이고, 기는 자이다. 이름은 시(施)이다.

15
온화하면서도 엄숙하고

공자는 온화하면서도 엄숙하고, 위엄이 있으나 무섭지 않고, 공손하면서도 편안했다.

■

子 溫而厲 威而不猛 恭而安

(자 온이려 위이불맹 공이안)

[옮긴이 생각]

사람의 덕성이란 본래부터 갖추어지지 않은 것이 없다. 그러나 타고난 기질(氣質)에 따라서 조금은 갖추지 못한 것들이 있게 마련이다. 오직 성인만이 전체적으로 혼연(渾然)한 마음을 가져 음과 양이 조화를 이루게 할 수 있으므로 그 조화를 이루는 기운이 외면에 나타나서 이와 같은 모습을 이루는 것이다.

제자들이 깊이 살피고 자세히 기록하여 공자의 진면목을 보는 것 같다.

88

16
·····
새가 죽을 때는 울음소리 구슬프고

증자가 병들었을 때, 문병 온 맹경자에게 말했다.

새가 죽으려고 할 때는 울음소리가 구슬프고, 사람이 죽으려고 할 때는 하는 말이 착해집니다.

군자가 귀하게 여기는 세 가지 도리가 있습니다.

첫째, 행동거지는 사납거나 교만함을 멀리 하고,

둘째, 얼굴빛을 바르게 하여 다른 사람에게 신뢰감을 줄 것이며,

셋째, 말을 부드럽게 하여 천박하거나 이치에 어긋나지 않게 해야 할 것입니다.

■

鳥之將死 其鳴也 哀 人之將死 其言也 善
(조지장사 기명야 애 인지장사 기언야 선)
君子 所貴乎道者 三 動容貌 斯遠暴慢矣 正顏色 斯近信矣 出辭氣 斯遠鄙倍矣(군자 소귀호도자 삼 동용모 사원폭만의 정안색 사근신의 출사기 사원비패의)

☞맹경자(孟敬子) : 노나라의 대부이며 이름은 첩(捷).

89

17
· · · · ·
유능하면서도 무능한 사람에게 묻고

증자가 말했다.

유능하면서도 무능한 사람에게 묻고, 아는 것이 많으면서도 아는 것이 적은 사람에게 묻고, 있어도 없는 것처럼 하며, 가득 차 있으면서도 텅 비어 있는 것처럼 하며, 누가 나를 건드려도 따지지 않는 사람이 바로 예전의 내 벗인 안회이다.

■

以能 問於不能 以多 問於寡 有若無 實若虛 犯而不校 昔者吾友嘗從事於
斯矣(이능 문어불능 이다 문어과 유약무 실약허 범이불교 석자오우상종사어사의)

☞증자(曾子) : 공자 제자 증삼(曾參). 자는 자여(子輿). 효행으로 이름이 났었다.
☞안회(顏回) : 공자의 제자. 자는 자연(子淵). 성과 자를 합해 안연(顏淵)이라
고도 부른다. 어질고 덕행이 있는 제자로 칭찬이 자자했으나 공자보다 일찍 죽었다.
덕행에 달통한 제자였다.

18

· · · · ·

군자다운 사람

증자가 말했다.

어린 임금을 맡길 만하고, 백 리 크기의 지역을 맡기면 다스릴 만하며, 나라에 중대한 어려움이 닥쳐도 마음이 혼들리지 않을 수 있다면 군자다운 사람일까? 그렇다, 군자다운 사람이다.

■

可以託六尺之孤 可以寄百里之命 臨大節而不可奪也 君子人與 君子人也

(가이탁육척지고 가이기백리지명 임대절이불가탈야 군자인여 군자인야)

[옮긴이 생각]

임금이 죽으면서, 뒤를 이을 어린 세자를 보호해 잘 보필해 주기를 부탁할 만큼 믿음직한 사람이라면, 나라가 위태로워졌을 때 자신의 안위만을 위해 행동하는 사람이 아니라 목숨 걸고 나라를 구하기 위해 충성을 다하는 사람이라면, 군자다운 사람이라고 일컬을 만하다는 뜻이다.

19
· · · · ·
나라 일을 맡을 사람은

증자가 말했다.

선비는 도량이 넓고 마음이 굳세지 않으면 안 된다. 책임이 무겁고 갈 길이 멀기 때문이다. 인(仁 : 덕)으로써 자신의 임무를 삼아야 하니 그 책임이 무겁지 아니한가. 또 그 일은 죽은 뒤에야 그만둘 수 있는 것이니 아득히 멀지 아니한가.

■

士 不可以不弘毅 任重而道遠 仁以爲已任 不亦重乎 死而後已 不亦遠乎
(사 불가이불홍의 임중이도원 인이위이임 불역중호 사이후이 불역원호)

[옮긴이 생각]

선비는 장차 나라 일을 맡아 할 사람이다. 그리고 이 사회의 중추적 지도자로 자랄 사람이다. 그 선비가 짊어져야 할 무한 책임의 중요성과, 그 일을 중도에 그만둘 수 없는 운명적 사명감을 강조한 말이다.

92

20

단점만 있고 장점이 없는 사람

공자가 말했다.

제멋대로 설치면서 솔직하지 못한 사람, 아는 것이 없으면서 성실하지 못한 사람, 무능하면서 믿음성이 없는 사람, 그런 사람들은 내가 알 바 아니다.

■

狂而不直 侗而不愿 悾悾而不信 吾不知之矣

(광이부직 통이불원 공공이불신 오부지지의)

[옮긴이 생각]

하늘이 만물을 탄생시킬 때 기질 (재주) 을 균등하게 주지 않았다.

이상에서 거론한 세 가지 유형의 사람들은 맨 밑의 사람들이다.

이 맨 밑의 사람들은 공자 같은 성인이라도 교육시켜 보았자 교화되지 않아 쓸모가 없기 때문에 버리겠다는 것이다.

21

• • • • •
교만하고 인색하면

공자가 말했다.

비록 주공과 같은 훌륭한 재주를 지녔다고 하더라도, 교만하고
인색하면 나머지는 볼 것이 없다.

3년씩이나 학문을 익히고서도 벼슬에 뜻이 없는 사람을 쉽게 만
나지는 못할 것이다.

■

如有周公之才之美 使驕且吝 其餘 不足觀也已

(여유주공지재지미 사교차인 기여 부족관야이)

三年學 不至於穀 不易得也

(삼년학 부지어곡 불이득야)

[옮긴이 생각]

공자가 이상적 인간상으로 생각하는 주공처럼 훌륭한 능력과
재주를 가지고 있는 사람이라도, 그가 성품이 교만하고 인색하여

94

덕을 쌓지 못할 사람이라면, 그런 사람은 다른 어떤 장점을 가지고 있다고 해도 별볼일없다는 말이다.

또한 공부 좀 했다는 사람은 너도나도 벼슬길에 나가 부귀영화를 누리려고만 하는데, 학문이란 부귀영화를 누리기 위해 하는 것이 아니고 오로지 자신의 인격을 도야하기 위한 것이라고, 공자는 학문의 참뜻을 이야기하고 있다.

☞ 주공(周公) : 주나라 초기의 정치가. 문왕의 아들이며 무왕의 동생이며 성왕의 숙부다. 이름은 단(旦). 무왕을 도와 은나라를 정복했고, 조카 성왕을 도와 주나라의 왕실을 튼튼히 했으며 주나라의 제도와 문물을 직접 제정하였다. 성인(聖人)으로 추앙받는다.

22
. . . . .
헐뜯는 말은 받아들이지 마라

자장이 공자에게 물었다.

"선생님, 어떻게 하면 '사리에 밝다'고 할 수 있습니까?"

공자가 말했다.

"물이 조금씩 스며들어 마침내 다 적시듯이 하는 헐뜯는 말이나, 피부를 긁듯이 하는 호소를 받아들이지 않으면 사리에 밝다고 할 수 있을 것이다. 헐뜯는 말이나 호소를 들어 주지 않으면 먼 데까지 내다본다고 할 수 있다."

[옮긴이 생각]

남을 비방하는 말이나 자신을 변명하는 호소에 이끌리지 않고 바른 이성으로 판단해야만 사리에 밝아 멀리 내다볼 수 있다고 한 말이다. 사람은 누구나 자기 이익을 위해 남을 모함하고 헐뜯기를 좋아한다. 그리고 자신에게 유리한 말로 자신을 변명한다. 지도자는 이런 사람들의, 자기 이익에 눈먼 자기 합리화를 잘 간파하여 무엇이 진실인지를 올바르게 판단할 수 있어야 한다.

23

. . . . .

털없는 호랑이가죽과 털없는 양가죽

극자성이 말했다.

"군자는 바탕이 훌륭해야 한다. 겉으로 드러내 꾸미는 형식은
별로 중요하지 않다."

이 말에 자공이 반박했다.

"군자를 그렇게 논할 수 있습니까? 한번 말을 잘못 뱉으면 네
마리 말이 끄는 수레를 타고 쫓아가도 거둘 수 없는 법입니다. 형
식도 바탕만큼 중요하고 바탕도 형식만큼 중요한 것입니다. 생각
해 보십시오, 호랑이가죽에서 털을 뽑아 버린다면 털 없는 양가죽
이나 털 없는 개가죽과 무엇이 다르겠습니까."

☞극자성(棘子成) : 위(衛) 나라의 대부.
☞자공(子貢) : 공자의 제자. 이름은 단목사(端木賜). 위나라 사람으로 노나라와
위나라에 벼슬하여 외교 담판에 성공을 거두었다. 이재에도 밝아 부를 이루었으며
공자의 여행 경비를 많이 부담했다.

97

24
·····
군자는 남을 잘 되게한다

공자가 말했다.

군자는 남의 장점을 북돋아서 꽃피게 해 주고, 단점은 꽃피지 못하게 한다. 그러나 소인은 이와 반대로 한다.

■

君子 成人之美 不成人之惡 小人 反是

(군자 성인지미 불성인지악 소인 반시)

[옮긴이 생각]

군자와 소인의 마음을 쓰는 것이 동일하지 않은 차이점을 잘 나타냈다.

소인은 남이 잘 되는 것을 보지 못하고 남의 장점을 시기하며 어떻게 해서라도 그것을 숨겨 나타내 주려 하지 않는다.

한편 군자는 남의 좋은 일을 나의 것처럼 여기며 자랑하고 또 그것을 격려까지 해 주어 잘 되게 하는 것이다.

98

25
. . . . .
요즘 정치하는 사람들

자공 : 어떤 사람을 괜찮은 사람이라고 일컬을 수 있습니까?

공자 : 자신의 행동에 염치를 알고, 외국에 사신으로 나가서는 임금의 명령을 욕되게 하지 않으면 괜찮은 사람이라고 말할 수 있을 것이다.

자공 : 그 다음에는 어떤 사람을 꼽을 수 있습니까?

공자 : 일가 친척들에게서 '효자' 라는 칭찬을 받고, 마을 사람들에게서 '공손하다' 는 칭찬을 듣는 사람이다.

자공 : 그 다음에는 어떤 사람을 꼽을 수 있습니까?

공자 : 말에 믿음이 있고, 행동에 맺고 끊음이 분명하면, 융통성이 좀 없어 보이기는 하겠으나, 그래도 다음 손가락에 꼽을 만한 사람이다.

자공 : 선생님, 요즘 정치하는 사람들은 그 수준이 어느 정도입니까?

공자 : 글쎄다, 한 말 정도의 그릇밖에 못 되는 사람들을 어찌 괜찮은 사람 대열에 넣을 수 있겠느냐.

26

어울리되 함께하지 않고

공자가 말했다.

군자는 남과 잘 어울리지만 그들과 엉클어지지 않고, 소인은 남과 잘 엉클어지지만 그들과 어울리지 못한다.

■

君子 和而不同 小人 同而不和
(군자 화이부동 소인 동이불화)

[옮긴이 생각]

군자는 성품이 온화하고 이해심이 넓어 한쪽으로 치우치지 않으므로 남들과 잘 화합하지만 자기의 생각이 분명하기 때문에, 남의 생각이나 행동에 무조건 따르거나 옳지 않은 일에 작당하지 아니한다. 그러나 소인은 생각과 행동이 이익에 따라 쉽게 변하므로, 이익을 도모하는 일에는 남과 친형제처럼 지내고, 간이나 쓸개라도 빼 줄 것처럼 하지만, 실제로는 그들과 화합하여 평화를 이루지 못하고 항상 분열하고 분란을 일으킨다.

100

27

• • • • •

소인은 교만하고

공자가 말했다.

군자는 태연하나 교만하지 않고, 소인은 교만하나 태연하지 못하다.

■

君子 泰而不驕 小人 驕而不泰

(군자 태이불교 소인 교이불태)

[옮긴이 생각]

군자는 합리적인 방법을 따르므로 항상 편안하고 여유가 있어서 교만하지 않다.

소인은 자신이 하고자 하는 대로 하기 때문에 교만해지고 교만한 만큼 마음은 불안하고 여유로움이 없다.

군자는 순리에 따르므로 물이 흐르듯이 자연스럽지만 소인은 전횡하여 강압적이므로 항상 불안스럽다는 것이다.

101

28
좋아하는 사람과 싫어하는 사람

자공 : 선생님, 동네 사람들이 모두 다 좋아하는 사람이라면 그
는 좋은 사람일까요?

공자 : 좋은 사람이라고 단정할 수 없구나.

자공 : 그렇다면 동네 사람들이 모두 그를 싫어한다면 그는 나
쁜 사람일까요?

공자 : 나쁜 사람이라고 단정할 수 없구나. 동네 사람 가운데서
착한 사람은 그를 좋아하고, 착하지 않은 사람은 그를 싫어하는
편이 차라리 낫다.

[옮긴이 생각]

사람들의 관계는 서로가 좋아하고 싫어하는 감정과 이롭고 해
로운 관계에 따라 좋아하거나 싫어하게 된다.

선한 사람이 좋아하는데 악한 사람도 싫어하지 않는다면 악한
사람에게 영합하는 행실이 있을 것이고, 악한 사람이 좋아하는데
선한 사람도 싫어하지 않는다면 선한 사람에게 영합하는 행실이 있

102

을 것이다.

그러므로 모든 사람이 다 좋아하거나 싫어하는 사람보다는, 착한 사람들은 좋아하고 악한 사람들은 싫어할 때 그 사람은 진정으로 좋은 사람이고, 착한 사람들은 싫어하고 악한 사람들은 좋아할 때 그 사람은 진정으로 나쁜 사람이라고 할 것이다.

사람을 판단할 때 다른 사람의 말만 듣고 판단해서는 안 된다는 뜻이다.

29
. . . . .
소인 중에 어진 사람은 없다

공자가 말했다.

군자로서 어질지 못한 이는 더러 있으나, 소인으로서 어진 이는 없다.

■

君子而不仁者 有矣夫 未有小人而仁者也

(군자이불인자 유의부 미유소인이인자야)

[옮긴이 생각]

군자도, 인(仁)에 마음을 쏟고 있으나 잠깐의 실수 때문에 마음이 다른 곳으로 일탈하여 과오를 저지르는 일이 있을 수 있다.

소인은 마음씀이 언제나 불인(不仁)에 있어 인으로 가기가 지극히 어렵기 때문에, 공자는 소인으로서 어진 사람은 없다고 단정한 것이다.

104

30
인격이 완성된 사람은

자로가 공자에게 물었다.

"선생님, 어떤 사람을 가리켜 인격이 완성되었다고 말할 수 있습니까?"

공자가 말했다.

"이익을 눈앞에 두고 옳은 것인가를 생각하고, 위태로움을 보고 목숨을 내놓을 줄 알며, 아무리 오래 된 약속일지라도 평생토록 잊지 않는다면, 완성된 인격을 갖춘 사람이라고 말할 수 있을 것이다."

■

見利思義 見危授命 久要 不忘平生之言 亦可以爲成人矣

(견리사의 견위수명 구요 불망평생지언 역가이위성인의)

☞자로(子路) : 공자의 제자 중유(仲由). 용감하고 정직한 성격을 가진 사람으로, 공자는 자로의 사람 됨을 좋아했다. 공자보다 한 살 아래인 제자다.

31
·····
말할 때가 된 뒤라야 말을 하고

공자가 공명가에게 물었다.

"내가 들으니, 위나라의 대부 공숙문자는 말도 하지 않고 웃지도 않고 재물에 욕심도 내지 않는다는데, 정말 그런 사람인가요?"

공명가가 대답했다.

"말을 전한 사람이 좀 지나쳤습니다. 공숙문자는 말할 때가 된 뒤라야 말을 하므로 남들이 그의 말을 싫어하지 않으며, 즐거워진 뒤라야 웃으므로 남들이 그의 웃음을 싫어하지 않으며, 의로운 것임을 안 뒤라야 재물을 취하므로 남들이 그가 취하는 것을 싫어하지 않습니다."

이 말을 듣고 공자는 이렇게 말했다.

"그렇습니까, 어찌 그렇게 할 수가 있습니까?"

☞ 공명가(公明賈) : 위(衛)나라 사람으로 공숙문자를 모시는 사람.
☞ 공숙문자(公叔文子) : 위(衛)나라의 대부. 이름은 공손지(公孫枝).

106

32
·····
군자는 위로 통달하고

공자가 말했다.
군자는 위로 통달하고, 소인은 아래로 통달한다.

■

君子 上達 小人 下達

(군자 상달 소인 하달)

[옮긴이 생각]

군자는 올바른 도리, 진리, 천명, 인의예지 등 고상한 이치에 밝아 자신의 인격을 도야하고 민중과 나라와 사회를 개혁하여 모두가 평화롭고 행복하게 사는 길을 밝힌다. 반면 소인은 개인의 행복과 자신 주위의 이익만을 추구하므로 이재, 승부, 환락, 음란, 욕심 등에 지나치게 집착하여 날로 천박해지고 비루해지고 타락해 간다는 말이다.

33
·····
잘못을 적게 저지르려 하지만

위(衛)나라의 대부인 거백옥이 공자에게 사람을 보냈다.

공자가 심부름 온 그에게 물었다.

"대부께서는 요즘 어떻게 지내십니까?"

심부름 온 사람이

"그분은 잘못을 적게 저지르려고 애쓰시지만, 아직 완벽하지는 못합니다."

이렇게 대답하고 물러갔다.

공자는 그가 돌아간 뒤

"참으로 훌륭한 아랫사람을 두었구나."

하고 감탄했다.

☞거백옥(蘧伯玉) : 위(衛)나라의 대부. 이름은 원(瑗), 백옥은 자.

34
· · · · ·
말과 행동

공자가 말했다.

군자는 말이 자신의 뜻을 다 나타내지 못함을 부끄럽게 여기고, 행동이 말보다 지나치지 않기를 바란다.

■

君子 恥其言而過其行

(군자 치기언이과기행)

[옮긴이 생각]

군자는 말보다는 행동이 앞서는 사람이다. 소인은 말만을 앞세우고 행동이 따르지 않는 사람이다.

그러므로 군자는 항상 자신의 뜻을 행동에 다 나타내지 못함을 부끄럽게 여기고, 또 행동이 자신이 쏟은 말보다 뒤처지지 않을까 걱정한다. 그래서 행동하는 데 여유가 있게 마련이다.

109

35
군자로구나

공자가 말했다.

사어는 강직한 사람이구나. 나라에 도가 행해져도 화살같이 곧
았고, 나라에 도가 행해지지 않아도 화살같이 곧았다. 거백옥은
군자로구나. 나라에 도가 행해지면 벼슬을 했고, 나라에 도가 행
해지지 않으면 모든 것을 거두어 숨어 살았다.

■

直哉 史魚 邦有道 如矢 邦無道 如矢, 君子哉 蘧伯玉 邦有道則仕 邦無道
則可卷而懷之(직재 사어 방유도 여시 방무도 여시, 군자재 거백옥 방유도즉사 방
무도즉가권이회지)

☞사어(史魚) : 위(衛)나라 대부 추(鰌), 어는 자. 사(史)는 벼슬 이름.
☞거백옥(蘧伯玉) : 위(衛)나라 대부. 이름은 원(瑗). 공자가 두 번째 위나라에
갔을 때 거백옥의 집에서 머물렀는데 그 때 그의 나이 90여 세였다고 한다. 어지러
운 세상에서 자신의 명예를 손상받지 않고 노후까지 대부로서 존경받는 거백옥의
군자다운 처세를 공자는 칭송했다.

110

36
군자는 가난을 근심하지 않는다

공자가 말했다.

군자는 도를 얻고자 애쓸 뿐, 먹을 것을 얻기 위해 애쓰지 않는다. 농사를 지어도 굶주릴 수 있으며, 학문에 힘쓰다 보면 벼슬자리를 얻어 녹(祿)을 받을 수도 있다. 그러므로 군자는 도를 근심할 뿐 가난을 근심하지 않는다.

■

君子 謀道 不謀食 耕也 餒在其中矣 學也 祿在其中矣 君子 憂道 不憂貧
(군자 모도 불모식 경야 뇌재기중의 학야 녹재기중의 군자 우도 불우빈)

[옮긴이 생각]

군자는 항상 근본적인 일에 마음을 쓰지 말단적인 일은 힘쓰지 않는다. 학문을 계속하다 보면 자연적으로 명성이 알려져 인기를 얻게 되면 굶주림을 면하게 되는 것은 물론 많은 부까지도 얻을 수 있다. 그래서 군자는 가난을 걱정하지 않는다.

37
·····
군자는 의로써 바탕을 삼고

공자가 말했다.

군자는 의로써 바탕을 삼고, 예로써 행동하고, 공손한 태도로써
나아가고, 신의로써 성취하노니, 그래야 진실한 군자다.

공자가 말했다.

군자는 나의 무능함을 괴로워할 따름이요, 남이 나를 알아 주지
않음을 괴로워하지 않는다.

공자가 말했다.

군자는 죽을 때까지 이름이 일컬어지지 않음을 한스럽게 여
긴다.

공자가 말했다.

군자는 모든 것을 자기 탓으로 돌리고, 소인은 모든 것을 남 탓
으로 돌린다.

112

공자가 말했다.

군자는 그가 하는 말만 듣고 그를 천거하지 않으며, 사람이 나
쁘다고 해서 그가 한 좋은 말까지 버리지는 않는다.

■

君子 義以爲質 禮以行之 孫以出之 信以成之 君子哉

(군자 의이위질 예이행지 손이출지 신이성지 군자재)

君子 病無能焉 不病人之不己知也

(군자 병무능언 불병인지불기지야)

君子 病沒世而名不稱焉

(군자 병몰세이명불칭언)

君子 求諸己 小人 求諸人

(군자 구제기 소인 구제인)

君子 不以言擧人 不以人廢言

(군자 불이언거인 불이인폐언)

[옮긴이 생각]

군자는 모든 것을 자신의 허물로 돌리고, 소인은 모든 것을 남
의 탓으로 돌린다. 또 군자는 행동이 떳떳한 반면 소인은 항상 불
안하다. 군자는 그의 좋은 말 한 마디로써 그 사람을 천거하지도
않고 또 그 사람이 아무리 미워도 그 사람의 좋은 말까지 버리지
는 않는다. 이것이 군자의 일체무사(一切無私)한 행동이다.

113

38
. . . . .
작은일과큰일

공자가 말했다.

군자는 작은 일은 알지 못하나 큰 일을 맡을 수 있고, 소인은 큰
일을 맡을 수 없으나 작은 일은 할 수 있다.

■

君子 不可小知而可大受也 小人 不可大受而可小知也

(군자 불가소지이가대수야 소인 불가대수이가소지야)

[옮긴이 생각]

군자는 뜻이 크고 시야가 넓기 때문에 자잘한 일에는 신경을 쓸
겨를이 없지만, 덕을 갖추고 있으므로 세상에 대해 두루 통하여 사
람들과 화합하고 이끌어 나가는 큰 일을 잘 해낼 수 있다.

소인은 덕이 부족하기 때문에 사람들과 화합하지 못하므로 큰 일
을 해내지 못하지만, 자신의 능력껏 자잘한 일은 해낼 수 있다는 뜻
이다.

114

39
. . . . .
작은 신의에 얽매이지 않는다

공자가 말했다.
군자는 곧기 때문에 사사로운 신의에 얽매이지 않는다.

■

君子 貞而不諒

(군자 정이불량)

[옮긴이 생각]

군자는 뜻이 크고 마음이 넓으며 바르고 옳은 사람이므로 신의를 굳게 지킨다.

그러므로 군자는 옹졸한 생각을 갖지 않으며 사사로운 정에 이끌려 일을 처리하지 않는다.

반면 일반 사람들은 사사로운 정이나 사사로운 신의에 얽매여 옹졸하게 행동한다.

115

40
사람의 바탕은 서로 비슷하지만

공자가 말했다.
사람의 바탕은 서로 비슷하지만, 습관에 따라 달라진다.
가장 지혜로운 사람과 가장 어리석은 사람만이 바뀌지 않는다.

■

性相近也 習相遠也 唯上知 與下愚 不移
(성상근야 습상원야 유상지 여하우 불이)

[옮긴이 생각]
　사람은 살아가면서 환경, 교육, 습관 등의 영향을 받아 각자의
개성이 형성된다. 그러므로 서로 비슷한 바탕을 갖고 태어나지만
세월이 지날수록 사람의 성품이 천차만별로 달라지는 것이다.
　그런데 본성이 바뀌지 않는 사람이 있다.
　태어나면서부터 지혜로운 사람은 천성적으로 도리를 알기 때문
에 외부의 환경에 영향을 받지 않고, 자신의 도를 잘 지켜 나가므

116

로 변화하지 않는다.

　자포자기한 사람은 가장 어리석은 사람으로 세상의 변화에도 아랑곳하지 않고 그의 습성대로 세상을 바라보기 때문에 자신의 습성을 변화시킬 수 없는 것이다.

41
· · · · ·
옛날 사람과 지금 사람

자로가 공자에게 물었다.

"선생님, 군자도 용기를 숭상합니까?"

공자가 말했다.

"군자는 '의(義)'를 으뜸으로 삼는다. 군자가 용기만 있고 의가 없으면 난동을 부리게 되고, 소인이 용기만 있고 의가 없으면 도둑이 된다."

■

君子 義以爲上 君子 有勇而無義 爲亂 小人 有勇而無義 爲盜

(군자 의이위상 군자 유용이무의 위란 소인 유용이무의 위도)

☞ 자로(子路) : 공자의 제자 중유(仲由). 노나라 사람으로 성격이 용감하고 정직해서 공자가 그의 사람됨을 좋아했다.

118

42
. . . . .
군자가 미워하는 것들

자공이 공자에게 물었다.

"선생님, 군자도 미워하는 것이 있습니까?"

공자가 말했다.

"군자라고 해서 미워하는 것이 없겠느냐. 남의 단점을 흉보는 사람을 미워하고, 낮은 지위에 있으면서 윗사람을 비방하는 사람을 미워하고, 용기는 있으면서 예의가 없는 행동을 미워하고, 과감하면서 꽉 막힌 성격을 미워한다.

사(賜)야, 너도 미워하는 것이 있느냐?"

자공이 대답했다.

"선생님, 저도 미워하는 것이 있습니다. 남의 것을 본따 아는 체하는 사람을 미워하고, 불손한 행동을 하면서 용감한 체하는 사람을 미워하고, 남의 비밀을 폭로함으로써 곧은 체하는 사람을 미워합니다."

119

43
. . . . .
여자와 소인

공자가 말했다.

여자와 소인은 다루기 어렵다.

가까이 하면 기어오르고 멀리 하면 원망한다.

■

唯女子與小人 爲難養也 近之則不遜 遠之則怨

(유여자여소인 위난양야 근지즉불손 원지즉원)

[옮긴이 생각]

여자나 하인들은 다루기가 매우 어렵다고 한 공자의 말은 오늘날에도 진리인 것 같다.

여자란 조금만 친절하게 해주면 예의가 없고, 하인들은 조금만 잘해 주면 주인의 세력을 자기 것같이 생각하여 못할 일이 없다.

여기서의 소인은 시중드는 사람이나 하인을 뜻한다고 했다.

120

44
. . . . .
군자는 세가지 변함이 있으니

자하가 말했다.

군자는 세 가지 모습으로 다르게 보인다.

멀리서 바라보면 근엄하고, 가까이 다가가면 온화하고, 그의 말을 들으면 바르고 확실하다.

■

君子 有三變 望之儼然 卽之也溫 聽其言也厲

(군자 유삼변 망지엄연 즉지야온 청기언야려)

[옮긴이 생각]

보통 사람들은 근엄하면 온화하지 않고, 또 온화하면 그 말이 바르지 않거나 확실하지 않다. 자하가 공자를 이야기한 말이다.

☞ 자하(子夏) : 공자의 제자 복상(卜商). 학문이 뛰어나 유가의 경전을 전수하는 데 공이 크다. 108세까지 살았다고 한다.

121

45
• • • • •
군자의 잘못

자공이 말했다.

군자의 잘못은 일식이나 월식과 같다.

잘못을 저지르면 사람들이 모두 그것을 보고, 잘못을 고치면 사람들이 모두 우러른다.

■

君子之過也 如日月之食焉 過也 人皆見之 更也 人皆仰之

(군자지과야 여일월지식언 과야 인개견지 경야 인개앙지)

[옮긴이 생각]

군자는 사람들에게서 존경을 받기 때문에 그의 일거수 일투족은 사람들의 관심 대상이 된다. 그러므로 조금만 잘못을 저질러도 모든 사람이 알게 되고, 조그마한 잘못이라도 고치면 사람들이 더욱 존경하여 우러르게 된다는 뜻이다.

잘못을 솔직히 시인하고 빨리 고치려는 사람에게는 신뢰감을 보

내지만, 잘못을 은폐하려고만 하고 온갖 궤변으로 변명하면서 잘
못을 인정하려고 하지 않는 사람에게는 불신과 경멸만 보내게 된
다. 오늘날의 지도층 사람들에게서 우리는 그런 모습을 자주 보고
있다.

46
군자의조건

공자가 말했다.

천명(天命)을 알지 못하면 군자가 될 수 없고, 예를 알지 못하면 사회 생활을 할 수 없고, 말을 가려 듣지 못하면 누가 나쁜 사람이고 누가 바른 사람인지 알 수 없다.

■

不知命 無以爲君子也, 不知禮 無而立也, 不知言 無而知人也

(부지명 무이위군자야, 부지례 무이립야, 부지언 무이지인야)

[옮긴이 생각]

천명을 알고 예를 알고 말을 가려 듣는 이 세 가지를 안다면 군자의 조건이 갖추어진 것이다.

공자의 제자들이 이 세 가지를 기록하여 논어의 마지막 편 끝을 장식한 것은 대단히 의미있는 일이다.

124

47

섬기기는 쉬우나 기쁘게 해 주기는 어렵다

공자가 말했다.

군자를 섬기기는 쉬우나 기쁘게 해 주기는 어렵다. 올바른 도로써 말하지 않으면 기뻐하지 않기 때문이다. 군자가 사람을 쓸 때는 각자의 재주와 능력에 맞추어 일을 맡긴다.

소인을 섬기기는 어려우나 기쁘게 해 주기는 쉽다. 바르지 않은 방법을 써서 기분만 맞춰 주면 기뻐하기 때문이다. 소인이 사람을 쓸 때는 모든 것을 다 갖춘 초능력자이기를 바란다.

■

君子 易事而難說也 說之不而道 不說也 及其使人也 器之, 小人 難事而 易說也 說之雖不以道 說也 及其使人也 求備焉(군자 이사이난열야 열지불 이도 불열야 급기사인야 기지, 소인 난사이이열야 열지수불이도 열야 급기사인야 구 비언)

125

48
· · · · ·
좋은 친구와 나쁜 친구

공자가 말했다.

나에게 도움이 되는 친구가 셋이요, 나에게 손해 되는 친구가 셋이다.

정직한 사람, 미더운 사람, 견문이 넓은 사람과 사귀면 내게 도움이 된다.

외곬수로 한쪽으로만 치우친 사람, 착하기만 하고 줏대가 없는 사람, 말만 그럴듯하게 하며 아첨 잘하는 사람과 사귀면 해로운 법이다.

■

益者 三友 損者 三友, 友直 友諒 友多聞 益矣, 友便辟 友善柔 友便佞 損矣 (익자 삼우 손자 삼우, 우직 우량 우다문 익의, 우편벽 우선유 우편녕 손의)

[옮긴이 생각]

사람들은 친구를 잘 사귀느냐 잘못 사귀느냐에 따라 인생의 행

126

로가 바뀔 수 있으므로 친구를 잘 사귀어야 한다.

친구를 잘 사귀면 서로 많은 도움을 주어 자기 발전과 성공을 이루는 견인차가 될 수 있다.

그러나 친구를 잘못 사귀면 착한 사람이라도 나쁜 곳으로 빠지게 되어 자신의 인생을 헛되이 보내고 끝내는 망치게 되는 결과가 되기 쉽다는 것을 경고한 말이다.

③
어떻게 살 것인가

공자가 말했다.
볼 때는 '꿰뚫어봄' 을 생각하고
들을 때는 '분명하게 들음' 을 생각하고
얼굴빛은 '온화함' 을 생각하고
태도는 '공손함' 을 생각하고
말은 '성실함' 을 생각하고
일은 '신중함' 을 생각하고
의심나면 '물어 봄' 을 생각하고
화날 때는 '나중에 돌아올 어려움' 을 생각하고
얻는 것이 있거든 '옳은 것인가' 를 생각하라.

│
· · · · ·
젊은이들에게

공자가 말했다.

젊은이들아, 집에서는 효도하고 밖에서는 공손하라.

행동 하나하나 실수 없도록 조심해서 믿음직한 사람이 되어라.

모든 사람을 아끼고 사랑하되, 특히 어진 이와 친하게 지내라.

이렇게 실천하고 남은 힘이 있거든 배우고 다듬어라.

■

弟子 入則孝 出則弟 謹而信 汎愛衆 而親仁 行有餘力 則以學文

(제자 입즉효 출즉제 근이신 범애중 이친인 행유여력 즉이학문)

[옮긴이 생각]

모든 일에 충실하고 남은 시간이 있거든 헛되이 낭비하지 말고 계속 학문에 정진하라는 공자의 이 말은, 앞으로 수천 년이 지나도 바뀌지 않을 교육적 귀감이리라. 또한 이것이 군자가 되어 가는 지름길이기도 하다.

130

2
· · · · ·
날마다 나를 살펴는 세 가지

증자가 말했다.

나는 날마다 세 가지로써 나를 살핀다.

남을 도와 주는 일에 최선을 다했는가?

친구와 사귀면서 신의를 잃지 않았는가?

선생님께 교육받은 내용을 제대로 익혔는가?

■

吾 日三省吾身 爲人謀而不忠乎 與朋友交而不信乎 傳不習乎

(오 일삼성오신 위인모이불충호 여붕우교이불신호 전불습호)

☞증자(曾子) : 공자의 제자 증삼(曾參). 중국 춘추 시대 노나라 사람. 공자의 제자 중에서 효가 뛰어났고, '대학' 과 '효경' 을 지었다.

3
. . . . .
아버지가 살아 계시면

공자가 말했다.

아버지가 살아 계시면 아버지의 뜻을 살펴 받들고, 아버지가 돌아가시면 아버지께서 어떻게 행동하셨는지 살펴 보고, 그대로 행동하여 3년 동안은 아버지가 하시던 대로 따르고 바꾸지 않아야 효자라고 할 수 있다.

■

父在 觀其志 父沒 觀其行 三年 無改於父之道 可謂孝矣
(부재 관기지 부몰 관기행 삼년 무개어부지도 가위효의)

[옮긴이 생각]

효도의 방법을 아버지가 살아 계실 때와 돌아가셨을 때로 나누어 설명했다. 살아 계실 때는 아버지의 마음을 헤아려 뜻을 따르는 것이 효도이고, 아버지가 돌아가셨을 때는, 아버지가 살아 계실 때 당신이 주관하던 일과 방법을 그대로 따라, 최소한 3년 동안은 바꾸지 않는 것이 효도라고 했다.

132

4
· · · · ·
제사를 지낼 때는

조상에게 제사를 지낼 때는 조상이 살아 계신 것처럼 하고
신에게 제사를 지낼 때는 신이 있는 것처럼 한다.
공자가 말했다.
"자신이 제사에 참여하지 않으면 제사를 지내지 않은 것과 같
다."

■

祭如在 祭神如神在 子曰 吾不與祭 如不祭
(제여재 제신여신재 자왈 오불여제 여부제)

[옮긴이 생각]

여기서도 마음의 중요함을 말했다. 조상에게 제사를 지낼 때, 마
치 살아 있는 조상을 모시는 것처럼 하고, 신에게 제사를 지낼 때
도 신이 정말 있는 것처럼 모시는 마음이 중요하다고 역설했다.

제사에 참여하지 않은 것은 마음으로써 섬기는 것이 아니므로
제사를 지내지 않은 것과 같다고 충고했다.

133

5

가난하지만 즐겁게 살고

자공이 공자에게 물었다.

"선생님, 가난하게 살면서도 비굴하지 않고, 부유하게 살면서도 교만하지 않으면, 괜찮은 사람이라 할 수 있지 않겠습니까?"

공자가 대답했다.

"괜찮은 사람이라고 할 수 있겠지. 그러나 가난하게 살면서도 가난을 즐길 줄 알고, 부유하게 살면서도 예를 잘 지키는 사람보다는 못하다고 하겠구나."

자공이 다시 물었다.

"시경(詩經)에 절차탁마(切磋琢磨)라는 구절이 있습니다. 선생님께서 하신 말씀의 뜻이 이런 것입니까?"

공자가 말했다.

"자공아, 비로소 너와 함께 시를 이야기할 수 있겠구나. 너는 옛 것을 모두 깨우치고 미래를 아는구나."

134

[옮긴이 생각]

　절차탁마는 '시경'의 기욱편에 있는 단어로 옥돌 따위를 갈고 닦아 빛을 낸다는 뜻으로 학문이나 덕행을 배우고 닦음을 이르는 말이다.

　자공이 자신의 생각을 갈고 닦아서 스승에게 말씀을 올린다. '가난하게 살면서도 아첨하지 않고 부유하게 살면서도 교만하지 않는 사람이라면 괜찮은 사람이라고 할 수 있지 않겠습니까?' 그러나 스승은 그보다 더 높은 경지의 괜찮은 사람은 '가난하게 살면서도 가난한 현실을 즐길 줄 알고, 부유하게 살면서도 예절을 잘 지키는 사람'이라고 가르쳐 준다.

　제자는 학문을 갈고 닦는다는 것이 스승님의 가르침에서 깨우침을 얻고 한 단계 더 발전하여 앞으로 나아가는 것으로, 이것이 '절차탁마'라고 하는 것입니까? 하고 말씀을 올린다.

　스승은 그렇게 잘 깨닫는 제자가 얼마나 예쁘겠는가. 그래서 '비로소 나는 너와 함께 시를 이야기할 수 있겠구나. 너는 옛것을 모두 깨우치고 미래를 아는 사람이구나.' 하고 칭찬해 준다.

☞ 자공(子貢) : 공자의 제자 단목사(端木賜). 말솜씨가 뛰어나고 이재에 밝았다.

135

6
· · · · ·
남이 나를

공자가 말했다.
남이 나를 알아 주지 않는다고 속상해하지 말고,
내가 남을 알아 주지 못하는 것을 속상해하라.

■

不患人之不己知 患不知人也
(불환인지불기지 환부지인야)

[옮긴이 생각]
천주교에서 '내 탓이오' 운동을 펼친 일이 있다.
세상 만사는 나로부터 그 결과가 나타나는 것이다. 내가 잘하면
좋은 결과가 나오고, 내가 잘못하면 나쁜 결과가 나온다.
인간 관계도 마찬가지다. 내가 잘해 주면 상대방도 나에게 잘
대해 줄 수밖에 없다. 그걸 손해라고 생각하는 데 잘못이 있다.
남이 나에게 먼저 잘해 주어야 그 때 가서 비로소 나도 그에게 잘

해 주겠다는 생각은, 절대 손해 보지 않겠다는 이기적 발상일 뿐
이다.

나의 능력을 남이 먼저 인정해 주기를 바라지 말고, 남의 능력
과 장점을 내가 먼저 찾아서 인정해 주자.

이렇게 하면 인간 관계는 물론이고, 세상의 모든 일이 술술 잘
풀려 나가지 않을 까닭이 없을 것이다.

공자는 이런 삶의 지혜를 짧은 말로 명쾌하게 가르쳐 주고 있다.

7
· · · · ·
효도란

맹의자가 '효'에 대해서 물으니 공자가 이렇게 말했다.
"도리를 어기지 않아야 한다."

공자의 제자인 번지가 공자의 수레를 운전하였다.
공자가 번지에게 말하기를 "맹의자가 나에게 효에 대하여 묻기
에 나는 '도리를 어기지 않아야 한다.'고 말했다."고 하니 번지가
"도리를 어기지 않아야 한다는 말이 무슨 뜻입니까?"하고 물어
공자가 말했다.
"부모가 살아 계실 때에는 예로써 섬기고, 돌아가시면 예로써
장사지내고, 예로써 제사지내는 것을 말한다."

맹무백이 '효'에 대해서 물으니 공자가 이렇게 말했다.
"부모는 자식이 병들까 밤낮으로 걱정한다.(그러니 내 몸을 상하
지 않도록 조심해야 한다.)"

138

자유가 '효'에 대해 물으니 공자가 이렇게 말했다.

"지금 우리는 부모에게 음식을 잘 대접하는 것을 효도라고 생각한다. 그러나 개나 말 같은 짐승도 다 먹여서 기르고 있지 않은가. 공경하지 않는다면 어찌 부모와 짐승을 구별할 수 있겠는가."

자하가 '효'에 대해 물으니 공자가 이렇게 말했다.

"항상 즐거워하는 낯으로 부모를 섬기기는 어렵다. 힘든 일이 있으면 자식이 대신하고, 좋은 술과 맛있는 음식이 생기면 부모에게 먼저 대접하는 것만으로 어찌 '효도'한다 할 수 있겠는가."

[옮긴이 생각]

효도에 대한 질문에 개인의 특성을 살펴서 그에 맞는 효도를 제시해 주는 공자의 독특한 교육 방법을 보여 주고 있다.

이러한 것은 개인의 특성을 살피지 않고 획일적으로만 가르치는 오늘날의 교육자들이 귀감으로 삼을 만한 교육 방법이다.

☞맹의자(孟懿子) : 노나라의 대부 맹하기(孟河忌).
☞번지(樊遲) : 공자의 제자. 이름은 수(須).
☞맹무백(孟武伯) : 맹의자의 아들.
☞자유(子游) : 공자의 제자 언언(言偃).

139

8
. . . . .
과녁을 뚫는 힘

공자가 말했다.

활을 쏠 때, 과녁을 얼마나 잘 맞추었느냐를 볼 뿐, 과녁을 얼마
나 세게 꿰뚫었느냐를 보지 않는 것은, 사람의 힘이 다 같지 않기
때문이다. 이것이 바로 옛날의 도이다.

■

射不主皮 爲力不同科 古之道也

(사불주피 위력부동과 고지도야)

[옮긴이 생각]

활을 쏠 때도 군자의 덕을 관찰한다고 했다. 사례(射禮)에서는
과녁에 얼마나 적중했는가를 보았지 과녁을 꿰뚫는 힘의 위력을
기준하지는 않았다.

군자의 덕을 강조하는 사례가 당시의 춘추 시대에는 힘을 기준
하였기에 공자가 탄식한 것이다.

140

9
· · · · ·
즐거워하되 음란하지 말고

공자가 말했다.

'시경' 관저편의 노래는, 매우 즐겁게 하되 흐트러지지 아니하고, 슬프게 하되 마음 상하게 하지 않는다.

■

樂而不淫 哀而不傷
(낙이불음 애이불상)

[옮긴이 생각]

'시경' 관저편의 노래는 매우 즐겁지만 음란으로 흐르지 않고 매우 슬프지만 마음에 상처를 주지 않는다는 것이다. 보통의 음악은 즐거우면 음란으로 빠지기 쉽고 슬프면 마음에 상처를 주게 마련이다.

☞관저(關雎) : 시경 국풍주남(國風周南) 첫머리에 있는 시. 문왕(文王)이 훌륭한 배필을 구하여 조화를 깨뜨리지 않고 바름을 잃지 않으며 금실의 즐거움을 누린 것을 찬양한 시.

10
바른것이아니면

공자가 말했다.

사람은 누구나 잘살고 싶어하고 귀해지기를 바라지만, 바른 방법으로 얻은 부귀가 아니라면 누리지 말아야 한다.

사람은 누구나 가난을 싫어하고 천해지기를 바라지 않지만, 바른 일을 하다 어쩔 수 없이 빈천해진 경우가 아니더라도 그것을 피하지 말아야 한다.

■

富與貴 是人之所欲也 不而其道 得之 不處也
(부여귀 시인지소욕야 불이기도 득지 불처야)
貧與賤 是人之所惡也 不而其道 得之 不去也
(빈여천 시인지소오야 불이기도 득지 불거야)

142

[옮긴이 생각]

부귀는 인간이라면 탐하지 않는 사람이 없지만 불법적으로 얻은 부유함이나 존귀함은 누리지 않아야 한다. 빈천은 인간이라면 누구나 다 멀리하고 싶은 것이지만 어쩔 수 없이 가난하고 비천한 생활을 하게 되면 그 상황에 순응해서 가난도 비천한 것도 받아들일 줄 알아야 한다는 것이다.

이 말에서 우리는 일제에 빌붙어 살던 사람들은 그 자손까지도 부귀영화를 누리고 살고, 독립 운동을 한 사람들은 그 자손까지도 가난하고 고단한 삶을 살고 있는 우리의 현실을 떠올리게 된다. 공자는 이 두 유형의 삶에서 전자처럼 살지 말고 후자처럼 살라고 권하고 있다. 그리고 그는 비록 가난하고 고단한 삶을 살더라도 그것을 피하려 하지 말고 받아들여 적응할 줄 알아야 한다고 충고하고 있다.

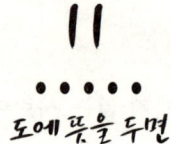

도에 뜻을 두면

공자가 말했다.

도에 뜻을 둔 선비가, 남루한 옷과 거친 음식을 부끄럽게 여긴
다면, 그런 사람은 함께 이야기할 상대가 못 된다.

■

士 志於道而恥惡衣惡食者 未足與議也

(사 지어도이치악의악식자 미족여의야)

[옮긴이 생각]

학자가 옳은 것을 구하는 데 뜻을 두었다면 잘 먹고 잘 사는 것
을 바라지 않아야 하는데, 남루한 옷이나 거친 밥 먹는 것을 부끄
럽게 여긴다면, 그 사람은 정신 상태가 이미 비루해진 것이다.

이런 사람이 어떻게 도에 뜻을 두었다고 할 수 있을 것인가? 이
런 사람과는 함께 세상을 구하고 도를 펴는 일은 상의할 수 없다
는 뜻이다.

144

12
·····
자신의 능력을 키워라

공자가 말했다.

자신에게 좋은 직책이 맡겨지지 않는 것을 한탄하지 말고, 그 직책이 맡겨졌을 때 감당할 수 있는가를 근심하라.

남이 나를 알아 주지 않는다고 한탄하지 말고, 남이 나를 알아 줄 만한 능력을 키우는 데 힘써라.

■

不患無位 患所以立 不患莫己知 求爲可知也

(불환무위 환소이립 불환막기지 구위가지야)

[옮긴이 생각]

군자는 닥친 현실보다는 다가올 미래를 대비하는 사람이다.

맡을 만한 직책이 없음을 걱정하기보다 그러한 직책이 자신에게 합당한가를 걱정하여 살피고 준비한다면, 그러한 직책이 주어졌을 때 모든 일을 잘 처리해 나갈 수 있다.

13

부모를 잘 모시는 방법

공자가 말했다.

부모를 섬길 때, 부모에게 허물이 있으면 은근히 '그러시면 안 됩니다' 하고 말씀드려야 한다. 부모가 나의 말을 받아들이지 않더라도, 공경하여 부모의 뜻을 어기지 말아야 하며, 힘든 일을 시키더라도 원망해서는 안 된다.

공자가 말했다.

부모가 계시면 멀리 나가지 말고, 어쩔 수 없이 먼 곳에 갈 일이 있으면, 반드시 가는 곳을 말씀드려야 한다.

공자가 말했다.

부모의 나이를 잊어버리면 안 된다. 해가 더할수록 오래 사시니 기쁜 일이지만, 한편으로는 한 해가 더할수록 늙어 가심이 두렵기 때문이다.

146

■

事父母 幾諫 見志不從 又敬不違 勞而不怨

(사부모 기간 견지부종 우경불위 노이불원)

父母在 不遠遊 遊必有方

(부모재 불원유 유필유방)

父母之年 不可不知也 一則以喜 一則以懼

(부모지년 불가부지야 일즉이희 일즉이구)

[옮긴이 생각]

부모의 허물을 부모에게 말씀드릴 때는 남이 들을까 조심하여 은근히 말씀드려야 하며, 간곡하게 말씀드렸는데 듣지 않으시더라도 화를 내거나 낯빛을 붉혀서는 안 된다. 또 부모가 힘든 일을 시키더라도 부모를 원망해서는 안 된다.

부모가 살아 계시는 사람은 먼 곳으로 유람하지 않으며 유람을 하게 되었을 때는 반드시 있는 장소를 알려야 한다. 그래야 부모가 유고시에는 곧바로 연락을 할 수 있고, 또 소식이 두절되면 부모가 매우 걱정하기 때문이다.

자식으로서 부모의 나이는 일상적으로 반드시 알아야 하는데, 부모의 나이가 늘면 장수하시는 것을 기뻐하면서도 부모가 늙어가는 것을 안타깝게 여기라는 말이다.

147

14
· · · · ·
말과 행동의 일치

공자가 말했다.

옛 사람이 함부로 말하지 않은 것은, 행동이 말을 따르지 못함
을 부끄럽게 여겼기 때문이다.

■

古者 言之不出 恥躬之不逮也

(고자 언지불출 치궁지불체야)

[옮긴이 생각]

언행일치의 중요함을 지적했다. 말만 번지르르 하고 실제로는
말과 다르게 행동하는 사람은 신뢰할 수 없는 사람이다. 당장은
상대를 현혹시킬 수 있겠지만, 그 말이 얼마나 허황한 것인가는
곧바로 드러날 것이다. 특히 선거 때마다 감언이설을 앞세워 표를
모으고, 당선되면 마치 딴사람처럼 행동하는 정치인들은 이 말을
가슴에 새겨야 할 것이다.

148

15

· · · · ·
모든 일에 검약하고

공자가 말했다.

모든 일에 검약하고 조심하는 사람으로서 실수하는 사람은 드물다.

■

以約失之者 鮮矣

(이약실지자 선의)

[옮긴이 생각]

사치하고 방탕하여 절제를 모르는 사람은, 실수를 저지를 확률이 높아서 사회의 지탄을 받고 일반인에게 분노의 대상이 되기 쉽다. 반면 검소와 절약을 생활 목표로 삼는 사람은 사회 생활을 영위하는 데 실수를 저지를 확률이 극히 적다는 뜻이다.

149

16
•••••
문을 거치지 않고 밖으로 나갈수 있는가

공자가 말했다.

누가 문을 거치지 않고 밖으로 나갈 수 있겠는가. 어찌하여 사람들은 '도(道)'에로 가려고 하지 않는가?

■

誰能不出有戶 何莫由斯道也

(수능불출유호 하막유사도야)

[옮긴이 생각]

문을 거치지 않고 밖으로 나가는 방법은 담장을 뛰어넘거나 울타리에 난 개구멍을 통하는 방법밖에는 없을 것이다. 우주와 인생의 진리인 '도'를 비켜 가려는 삶은 담장을 뛰어넘어 밖으로 나가는 것처럼 편법일 뿐만 아니라, 바른 길이 아닌 길로 가는 잘못된 삶일 수밖에 없다. 그런데 실제로는 이렇게 잘못된 삶을 살고 있는 사람들이 훨씬 더 많다고 공자는 탄식하고 있다.

17
· · · · ·
네가지 걱정거리

공자가 말했다.

덕을 닦지 못하는 것, 학문을 익히지 못하는 것, 의를 듣고 실천하지 못하는 것, 단점을 알고도 고치지 못하는 것, 이것들이 나의 걱정거리다.

■

德之不修 學之不講 聞義不能徙 不善不能改 是吾憂也
(덕지불수 학지불강 문의불능사 불선불능개 시오우야)

[옮긴이 생각]

덕은 닦아야 성취되는 것이고, 학문이란 강의를 받은 뒤에 밝아지는 것이며, 의로운 것을 들으면 실천해야 하고, 나에게 단점이 있으면 고쳐야 한다. 이러한 네 가지는 일반 백성들이 일상적으로 지나치는 단점들이다. 그러므로 공자는 특별히 자신을 경계한 말인데, 일반 학자들 또한 음미해 보아야 할 것이다.

151

18

• • • • •
도를 즐기는 사람

공자가 말했다.

도(道)를 아는 사람은 도를 좋아하는 사람만 못하고, 도를 좋아
하는 사람은 도를 즐기는 사람만 못하다.

■

知之者 不如好之者 好之者 不如樂之者
(지지자 불여호지자 호지자 불여락지자)

[옮긴이 생각]

송대의 철학자는 '안다는 것은 도(道)가 있음을 아는 것이요,
좋아한다는 것은 도를 좋아하되 아직 얻지 못한 것이요, 즐긴다는
것은 도를 얻었으므로 즐거워하는 것이다.' 하고 해석했다.

축구라는 운동에 비유한다면, 축구를 아는 사람은 축구의 경기
규칙, 다른 운동과의 차이점 등을 알고 있는 사람이고, 축구를 좋
아하는 사람은 축구 경기를 보러 운동장을 찾아다니거나, 다른 경

152

기보다는 축구 경기 방송을 시청하기 좋아하는 사람이다.

축구를 즐기는 사람은 조기 축구회에 참여하거나, 적극적 응원
단인 '붉은 악마'에 회원으로 참여하여 쫓아다니거나, 좋아하는
선수에 관한 정보를 수집하는 등 축구를 생활화하는 사람이다.

19
. . . . .
지혜로운 사람은 물을 좋아하고

공자가 말했다.

지혜로운 사람은 물을 좋아하고, 어진 사람은 산을 좋아한다. 지혜로운 사람은 물처럼 활동적이고, 어진 사람은 산처럼 고요하다. 그래서 지혜로운 사람은 즐겁게 살고 어진 사람은 오래 산다.

■

知者樂水 仁者樂山, 知者動 仁者靜, 知者樂 仁者壽
(지자요수 인자요산, 지자동 인자정, 지자락 인자수)

[옮긴이 생각]

이 말도 인구에 회자되는 좋은 말이다.

사리에 통달한 사람은 막힘이 없으므로 물(여기서는 흐르는 강물이나 계곡물을 말함)과 같다.

어진 사람은 의리를 지키고 후덕하고 중후하며 산처럼 고요하여 움직이지 않는다.

154

　지혜로운 사람은 물처럼 활동적이고 어진 사람은 산처럼 정적이므로, 활동적인 사람은 인생을 즐겁게 살고 정적인 사람은 장수한다.

　우리는 여기에서 지혜로운 사람의 길을 갈 것인가 어진 사람의 길을 갈 것인가를 선택하는 것보다는 이 두 가지 유형의 장점을 취합해 보자.

　두 가지 유형의 장점을 취합하면 그것이 곧 성(聖)이다.

　즐겁게 살면서 장수도 한다.

　이것은 사람이라면 누구나 꿈꾸는 최상의 목표가 아닐까?

20
•••••
어떻게 살 것인가

공자가 말했다.

도(道)에 뜻을 두고, 덕(德)을 지키고, 인(仁)에 의지하고, 예(藝)에 노닐어야 한다.

■

志於道 據於德 依於仁 游於藝

(지어도 거어덕 의어인 유어예)

[옮긴이 생각]

학문하는 자세를 말했다.

학문에는 먼저 뜻을 세우는 것이 가장 중요한데 뜻을 세우면 마음이 바르게 된다.

마음이 바르게 되면 도를 얻어서 잃지 않게 되니 이것이 곧 덕을 지키는 요체이다.

인에 의지한다는 말은 덕을 베풀어 사욕이 마음에 침투하지 못

156

하게 한다는 말이다.

예(藝)에 논다고 하는 말은 예절을 지키고, 풍류를 즐기고, 말 타고 활 쏘며 호연지기를 기르고, 글씨를 잘 쓰고 셈을 잘하는 일 등의 교양을 쌓아야 한다는 말이다.

학자들이 이러한 것들에 정진하여 먼저하고 나중에 해야 할 차례와, 중요한 것을 먼저하고 가볍게 여길 수 있는 것은 나중에 하는 순번을 잘 지킨다면 근본과 끝을 겸비하게 되어 교양인으로서 허물 없는 일상 생활을 해 나갈 수 있게 된다.

이렇게 함양하다 보면 자신도 모르는 사이에 홀연히 성인(聖人) 의 경지에 몰입할 수 있는 학습법이다.

☞예(藝) : 예(禮/예절), 악(樂/풍악), 사(射/활쏘기), 어(御/말타기), 서(書/ 글씨), 수(數/수학)를 가리킨다.

21

. . . . .
부자가 되고 싶었다면

공자가 말했다.

내가 부자가 되고 싶었다면, 채찍을 들고 제후의 수레 앞에 앉아 말을 모는 사졸 노릇이라도 했겠지만, 나는 부자가 되고 싶은 마음이 없으니, 내가 좋아하는 일을 하며 살겠다.

■

富而可求也 雖執鞭之士 吾亦爲之 如不可求 從吾所好
(부이가구야 수집편지사 오역위지 여불가구 종오소호)

[옮긴이 생각]

인생은 자기가 좋아하는 일을 하면서 살아야 행복하다. 남의 눈에 보기 좋을 것 같은 일을 하느라 하기 싫은 일을 억지로 하며 산다면, 비록 많은 반대급부를 얻을 수 있다 하더라도 그 인생이 행복한 것은 아니라는 말이다. 젊은이들이여, 노래가 좋으면 가수가 되고, 만화가 좋으면 만화가가 되라. 내가 좋아하는 일을 하면서 사는 인생처럼 즐거운 인생은 없다.

158

22

· · · · ·

가난의 즐거움

공자가 말했다.

꽁보리밥 먹고 물 마시고, 팔베개하고 누우니, 즐거움 또한 거기 있어라. 의롭지 않은 부귀야, 내게는 뜬구름만 같구나.

■

飯疏食飮水 曲肱以枕之 樂亦在其中矣 不義而富且貴 於我 如浮雲
(반소사음수 곡굉이침지 낙역재기중의 불의이부차귀 어아 여부운)

[옮긴이 생각]

성인이 꽁보리밥을 먹고 물 마시고 팔베개하고 자는 것을 즐겁게 여기는 것은 아니다.

어쩔 수 없이 꽁보리밥을 먹고 물을 마시게 되는 그러한 상황이 되더라도 자신의 즐거움을 바꾸지 않겠다는 것이며, 불의로 이루어진 부귀는 뜬구름과 같이 가볍게 여긴다는 성인다운 발상이다.

159

23

사치하면 건방져지기 쉽고

공자가 말했다.

사치하면 건방져지기 쉽고, 검소하면 째째해지기 쉽다. 건방진
것보다는 차라리 째째한 편이 낫다.

■

奢則不孫 儉則固 與其不孫也 寧固

(사즉불손 검즉고 여기불손야 영고)

[옮긴이 생각]

일반 사람들은 잘 살면 사치를 하며 사치를 하면 사람이 거만해
지는 반면, 검소하게 되면 고루하고 째째해져서 노랭이가 되기 쉽
다. 공자는 사치하면서 건방진 것보다는 검소하면서 째째한 편이
차라리 낫다고 했다. 그렇다고 째째한 것을 칭찬한 말은 아니다.

160

24

. . . . .

공자가 하지 않은 일 네 가지

공자는 네 가지를 하지 않았다.

첫째, 사사로운 뜻을 가지지 않았고

둘째, 무슨 일을 꼭 하겠다고 장담하지 않았고

셋째, 무엇을 꼭 해야 한다고 고집하지 않았고

넷째, 자기 자신만을 생각하는 일이 없었다.

■

子絶四 毋意毋必毋固毋我

(자절사 무의무필무고무아)

[옮긴이 생각]

성인만이 할 수 있는 일들이다. 이 네 가지 중 단 한 가지라도 존재하면, 그것은 천지와 서로 합치되지 못하는 것으로, 이러한 네 가지를 하지 않을 수 있는 사람은 공자 같은 성인만이 가능하다.

일반 사람들은 이러한 일을 일상으로 저지르면서 산다.

161

25

아름다운 옥이 있다면

자공이 공자에게 물었다.

"선생님, 여기 아름다운 옥이 있다면, 궤 속에 넣어 감추어 두어야 할까요, 아니면 좋은 값을 받고 팔아야 할까요?"

공자가 말했다.

"팔아야지, 암 팔아야 하고말고, 나는 좋은 값으로 사 갈 사람을 기다리는 사람이다."

[옮긴이 생각]

아무리 아름다운 옥이라도 궤 속에 넣어 두면 그것이 빛을 발할 수 없다.

여기서 옥은 학문과 도를 말한다.

공자의 학문과 도를 알아 주고 받아들여 그 도를 세상에 펼치게 해 줄 임금을 기다리는 공자의 심정이 잘 드러난 말이다.

학문은 세상을 바르게 하고 백성을 행복하게 하는 데 기여해야 한다는 공자의 실천적 사상이 잘 드러나 있다.

162

공자는 여러 나라를 돌아다니며 자신의 이상을 실현하게 해 줄 임금을 찾아 헤맸으나, 그런 임금을 만나지 못했다.

공자는 실망한 나머지 '차라리 오랑캐 땅에 가서 살까부다.' 하고 한탄했는데, 이 말을 들은 어떤 사람이 '오랑캐 땅은 누추해서 살기 어려울 것이다.' 고 말했다.

공자는 '군자가 사는 곳인데 무슨 상관이 있겠는가.' 하고 말했다.

그 한 예로 은(殷)나라의 이윤(伊尹)과 주(周)나라의 강태공(姜太公)의 이야기를 들 수 있다.

이윤은 들에서 밭을 갈고 살았으며, 강태공은 해변가에서 낚시를 하면서 살았다.

이 두 사람은 좋은 옥과 같은 존재로 이윤은 은나라 성탕(成湯)에게 좋은 가격으로 수매되었고, 강태공은 주나라 문왕(文王)에게 높은 가격으로 팔려 간 것이다.

163

26
• • • • •
흐르고 흘러 그침이 없으니

공자가 냇가에서 말했다.
세월도 저 물과 같아서, 밤낮으로 흘러가길 그치지 않네.

■

逝者 如斯夫 不舍晝夜
(서자 여사부 불사주야)

[옮긴이 생각]
흘러가는 냇물을 보고 천지 자연의 변화와 운행의 오묘한 진리를 깨닫는다.
공자는 우주의 변화가 질서 있고 쉼 없이 움직이며, 그것이 천지의 위대한 덕이라고 생각했다.
저 흐르는 물처럼 쉼 없이 가고 다시 오지 않는 시간을 아껴 학문에 정진할 것을 제자들에게 충고한 말이다.

164

27
. . . . .
옳은 말을 따라 잘못을 고쳐라

공자가 말했다.

옳은 말이라면 따르지 않을 수 없다. 그러나 그 말에 따라 나의
잘못을 고치는 실천이 더 중요하다.

조용히 타일러 주는 말을 들으면 기뻐하지 않을 수 없다. 그러
나 그 말의 참뜻을 헤아리는 지혜가 더 중요하다.

조용히 타일러 주는 말을 듣고 기뻐하면서도 그 말의 참뜻을 찾
아 내지 못하고, 옳고 바른 말을 따르면서도 잘못을 고치지 못한
다면, 그런 사람은 나로서도 어찌 할 수가 없다.

■

法語之言 能無從也 改之爲貴 巽與之言 能無說乎 繹之爲貴 說而不繹 從
而不改 吾未如之何也已(법어지언 능무종야 개지위귀 손여지언 능무열호 역지위
귀 열이불역 종이불개 오미여지하야이)

☞법어(法語) : 바른 말. 옳은 말.
☞손여지언(巽與之言) : 조용히 타이르는 말.

165

28

• • • • •

사나이의 굳은 뜻

공자가 말했다.

많은 군사를 거느린 장수의 목숨은 빼앗을 수 있어도, 한 사나이의 굳은 뜻은 빼앗을 수 없다.

■

三軍 可奪帥也 匹夫 不可奪志也

(삼군 가탈수야 필부 불가탈지야)

[옮긴이 생각]

삼군(육·해·공)의 용맹이란 타인에게 있는 것이지만 필부의 의지는 자신에게 있는 것이기 때문에 육해공군의 총사령관의 목숨은 싸워서 빼앗을 수가 있으나 지조 있는 한 사나이의 뜻은 총칼로 위협해도 빼앗을 수가 없다.

인간의 의지란 무서운 것임을 단적으로 표현한 말이다.

29
• • • • •
소나무의 푸르름

공자가 말했다.

추운 겨울이 되어야 소나무와 잣나무의 푸르름이 변하지 않는다는 것을 알 수 있다.

■

歲寒然後 知松柏之後彫也 (세한연후 지송백지후조야)

[옮긴이 생각]

어려운 일이 닥쳐야 그 사람의 능력과 인격, 즉 진면목을 알 수 있다는 말이다. 나라가 어려움에 처했을 때 누가 진정한 충신인지 알 수 있고, 내가 어려움에 처했을 때 누가 진정한 친구인지 알 수 있는 것이다. 세상 좋은 시절에는 너도나도 푸르름을 자랑하니 어떤 푸르름이 변하지 않는 푸르름인지 구별할 수 없지만, 겨울이 되어 낙엽이 다 진 다음에야 소나무와 잣나무가 변하지 않는 진짜 푸르름이라는 것을 알 수 있게 된다. 어떤 상황에서도 변하지 않는 항심(恒心)의 고귀함을 역설한 말이다.

167

30
#####
공자가 음식을 먹을 때

공자는 좋은 쌀로 지은 밥을 좋아했고, 회는 가늘게 썬 것일수록 좋아했다. 밥이 쉬었거나, 생선이 나 고기가 상했거나, 빛깔과 냄새가 변했거나, 잘 익지 않았거나, 제철 재료가 아니거나, 반듯하게 썰지 않았거나, 간이 맞지 않으면 먹지 않았다.

고기가 아무리 많아도 밥보다 많이 먹지 않았고, 술은 마시는 양을 정해 두지 않았지만 정신을 잃을 정도까지는 마시지 않았다. 주막에서 사 온 술, 저자에서 사 온 육포는 비위생적이라 먹지 않았고, 생강은 항상 먹지만 많이 먹지는 않았다.

나라의 제사에 올린 고기는 그 밤을 넘기지 않았고, 집안 제사에 올린 고기도 사흘을 넘기지 않았으며, 사흘이 넘으면 먹지 않았다.

밥 먹을 때는 말을 하지 않았고, 비록 잡곡밥과 나물국일지라도 엄숙하게 고수레를 했다.

168

31

사람은 다치지 않았느냐

공자가 퇴근하여 집에 오니, 마굿간에 불이 났었다고 했다.

공자는 "사람은 다치지 않았느냐?"고 묻고, 말에 대해서는 묻지 않았다.

[옮긴이 생각]

공자가 불난 마굿간에서 '말은 다치지 않았느냐?'고 묻지 않은 것은 말을 사랑하지 않아서 그런 것이 아니다. 공자는 말보다는 사람을 귀중하게 여겼기 때문에 사람의 안부를 물은 것이다.

조선조(朝鮮朝) 때 윤휴라는 학자는 '말이 상하지 않았느냐'라고 보아야 한다고 주장했는데, 이러한 윤휴의 주장을 송시열(宋時烈)은 사문난적(斯文亂賊)이라고 규탄했다.

32
·····
우리는 모두 형제인데

사마우가 자하에게 말했다.

"다른 사람은 다 형제가 있는데, 나는 형제가 없어 외롭다네."

자하가 사마우에게 말했다.

"살고 죽은 것은 명(命)에 달렸고, 부귀는 하늘에 달렸다고 스승께서 말씀하지 않던가. 모든 사람을 공경하고, 어떤 일이든 조심해서 잘못을 저지르지 않고, 남을 대할 때 공손히 예를 지키면, 사해(四海) 안이 다 형제가 되지 않겠는가. 이렇게 하면 어찌 형제가 없다 하여 외롭겠는가."

[옮긴이 생각]

공자를 암살하려고 했던 송나라 상퇴의 아우인 사마우는 난을 일으킨 형 때문에 자기까지 죽임을 당하지 않을까 두려워했다. 자하가 스승인 공자에게서 들은 말을 인용하여 사마우를 안심시키면서 군자의 도리로 사마우를 이끌고 있다. 제자들 사이의 우애가 엿보이는 글이다.

33

· · · · ·

부유하면서 교만하지 않기는 쉽다

공자가 말했다.

가난하면서 원망하지 않기는 어렵고, 부유하면서 교만하지 않기는 쉽다.

■

貧而無怨 難 富而無驕 易

(빈이무원 난 부이무교 이)

[옮긴이 생각]

생활이 너무 가난하면 불편한 경우가 많아서 가난을 원망하고 불평하는 마음이 생기지 않을 수 없다.

인격이 웬만큼 고매하지 않고서는 이런 마음을 지니지 않기란 어렵다.

반면에 부유해지면 교만해지는 사람이 많지만, 조금만 자제하면 교만해지지 않을 수 있다는 말이다.

171

34
· · · · ·
진정한 정직

섭공이 공자에게 물었다.

"우리 고을에 정직하기로 소문난 사람이 있습니다. 그 사람은 아비가 집으로 들어온 남의 양을 주인에게 돌려주지 않고 가진 것을 보고 고발했습니다."

이 말을 들은 공자가 말했다.

"그렇습니까. 우리 고을의 정직은 그와 다릅니다. 아비는 자식의 잘못을 감추어 주고, 자식은 아비의 잘못을 감추어 줍니다. 진정한 정직은 그런 부자간의 사랑 속에 있는 것입니다."

[옮긴이 생각]

부자가 서로 지켜 주고 감추어 주는 것은 천륜과 인정상 지극히 당연한 것이다. 그래서 현대 법에서도 가족에게는 범인 은닉죄를 적용하지 않는다.

아버지가 어려운 지경에 빠졌다면, 아들은 오로지 아버지를 생각하는 마음이 전부인데, 어느 겨를에 정직 부정직을 따질 것인가.

172

부자가 서로 숨겨 주는 것은 천리(天理)이며 지극한 인정(人情)
이다.
　사회적인 의미로서의 정직은 천륜보다는 더 하위 가치가 될 수
있다는 말로써 공자는 섭공을 깨우치고 있다.

☞섭공(葉公) : 초나라 섭현의 지방 장관.

35
현명한 사람은 어지러운 세상을 피하고

공자가 말했다.

현명한 사람은 세상이 어지러우면 세상을 피하고, 그 다음 가는 사람은 어지러운 지역이 있으면 그 어지러운 지역을 피하고, 그 다음 가는 사람은 임금의 얼굴빛이 변하는 것을 보고 피하고, 그 다음 가는 사람은 임금의 말이 실천으로 옮겨지지 않는 것을 보고 피한다.

어지러운 세상을 피하여 산 현명한 사람은 일곱 사람이다.

■

賢者 辟世 其次 辟地 其次 辟色 其次 辟言

(현자 피세 기차 피지 기차 피색 기차 피언)

作子七人矣

(작자칠인의)

174

[옮긴이 생각]

성인(聖人)은 어지러운 세상을 구하기 위해 뛰어들고, 현인(賢人)은 어지러운 세상을 피해서 산다.

성인은 어지러운 세상을 바로잡을 능력이 있는 사람이고, 현인은 어지러운 세상을 바로잡을 능력은 없지만, 안정된 세상에서는 바른 정치를 할 수 있는 능력이 있기 때문이다.

현인보다 능력이 못한 사람은 어지러운 지방, 곧 지방 정부를 피해 살거나, 행동이 어지럽고 경솔하며 예의가 없는 임금을 피해 살거나, 말에 믿음이 없는 임금을 피한다고 했다.

옛날 중국에서 어지러운 세상을 피해 숨어 살았던, 현인으로 일컬어지는 사람은 일곱 명이라고 했다.

☞**일곱 명의 현인(賢人)** : 백이(伯夷), 숙제(叔齊), 장저(長沮), 걸익(桀溺), 우중(虞仲), 유하혜(柳下惠), 소련(少蓮) 등 일곱 사람을 말한다. 모두 어지러운 세상을 피해 지조를 지키며 숨어 살았다.

175

36
공자의 높은 뜻을 누가 알아 주랴

① 안 될 줄 알면서도 하려고 하는 사람

자로가 석문 고을에서 묵었는데 새벽에 성문을 지나려고 하니 관문을 열어 주는 문지기가

"어디서 오신 분입니까?"

하고 물었다.

"나는 공자의 문하에서 왔소이다."

자로가 대답하자, 문지기가 잘 안다는 듯이 고개를 주억거리면서 말했다.

"아하, 그 사람… 안 될 줄 알면서도 기어코 하려고 하는 무모한 사람 말이군요."

② 그렇게 산다면 어려울 것 없겠다

공자가 위(衛)나라에 있을 때, 어느 날 경쇠를 치고 있는데, 삼태기를 지고 지나가던 사람이 '경쇠 소리에 마음이 담겨 있구나…' 하고 중얼거리더니 이렇게 말했다.

176

"경경한 경쇠 소리여 비루하구나, 자기를 알아 주지 않으면 그
만둘 따름이지. 물이 깊으면 옷을 벗고 건너고, 물이 얕으면 바짓
가랑이를 걷어 올리고 건너면 될 것을…"

이 말을 듣고 공자가 말했다.

"그렇게 산다면 어려울 일이 어디 있겠는가."

[옮긴이 생각]

공자는 여러 나라를 떠돌면서 자기의 사상이 받아들여지기를
바랐다. 그러나 공자의 이상은 어느 나라에서도 받아들여지지 않
았기에 문지기도 비웃고, 삼태기를 지고 가던 사람도 '현실에 맞
추어 살라'고 충고한다.

강은 현실이다. 강이 깊으면 옷을 벗고 건너면 되고 강이 얕으
면 바짓가랑이만 걷고 건너면 될 것인데, 왜 당신은 그렇게 자기
기준, 자기 사상, 자기 이념에 맞지 않는다고 이 나라 저 나라를
떠돌면서 고생하는가 하는 충고에 대해, 공자는 한마디로 말한다.
"그렇게 쉽게 자기를 굴절해 가면서 산다면 세상 사는 일이 무엇
이 어렵겠는가."

공자는 성인(聖人)이다. 이상 세계를 실현하겠다는 집념 하나
로 곧은 길, 바른 길, 힘든 길을 고집하며 산 것이다.

성인은 어지러운 세상을 만나면 피하지 않고 바로잡기 위해 애
쓰는 사람이기 때문이다.

177

37

전쟁하는 일은 배운 것이 없다

위(衛)나라의 영공이 공자에게 물었다.

"적과 싸울 때 어떤 진법을 써야 이길 수 있습니까?"

공자가 말했다.

"저는 제사지낼 때 쓰는 나무그릇을 다룰 줄은 알지만, 군사를 지휘하여 전쟁하는 일은 배운 것이 없습니다."

공자는 이렇게 말하고 그 날로 위나라를 떠났다.

[옮긴이 생각]

위나라 임금 영공(靈公)은 전쟁에만 관심이 있어 이웃나라와 싸움이 그칠 날이 없었다. 그러니 백성들이 편안하게 생업에 종사할 수 없었다. 영공이 공자에게 전쟁하는 방법을 묻자 공자는 백성을 사랑하지 않는 영공의 마음을 읽고 곧바로 위나라를 떠나 버린 것이다. 제사지낼 때 쓰는 나무그릇을 다룬다는 말은 곧 예의를 배우고 실천한다는 말이다. 예의를 실천하는 일은 알지만, 백성을 죽음으로 몰아넣는 전쟁에 대해서는 아는 것이 없다는 말로 영공을 은근히 훈계하고 있다.

178

38
•••••
몸가짐이바르면

자장이 공자에게 물었다.

"선생님, 몸가짐을 어떻게 가져야 합니까?"

공자가 말했다.

"말이 성실하고 믿음직하며, 행실이 돈독하고 공손하면, 비록 오랑캐 나라에서라 할지라도 살 수 있을 것이다. 말이 성실하지 못하고 믿을 수 없으며, 행실이 돈독하지 못하고 공손하지 아니하면, 비록 태어나 자란 고향 마을이라 하더라도 어찌 거기서 살 수 있겠느냐"

■

言忠信 行篤敬 雖蠻貊之邦 行矣, 言不忠信 行不篤敬 雖州里 行乎哉
(언충신 행독경 수만맥지방 행의, 언불충신 행불독경 수주리 행호재)

179

39
●●●●●
군자는 곤궁하다

공자가 이 나라 저 나라를 떠돌다가 진(陳)나라에 머무를 때, 양식이 떨어져 따르던 제자들이 굶주려 자리에서 일어나지 못했다. 자로가 화가 나서 공자에게 대들었다.

"선생님, 군자도 곤궁할 때가 있습니까?"

공자가 자로에게 말했다.

"군자라야 정말로 곤궁한 것이다. 소인은 곤궁해지면 예의에 벗어난 짓을 해서라도 곤궁함을 면하려 하지만, 군자는 차라리 곤궁함을 감수할 뿐, 예의에 벗어난 짓은 하지 않기 때문이다."

[옮긴이 생각]

공자가 이 나라 저 나라를 떠돌 때, 진나라와 채나라 사이에 전쟁이 일어나, 공자 일행은 경제적으로 당시에 몹시 어려운 나날을 보내야 했다.

기록에 따르면 7일째 명아주국으로 연명하면서 식량이라고는 한 톨도 구경을 못했다고 한다.

180

이 때 자로가 화가 나서 공자를 원망하는 말로 '군자도 이렇게 곤궁할 때가 있습니까' 라고 한 것이다.

공자는 자로의 무례함을 꾸짖으며 예의를 지키라고 훈계한다.

보통 사람은 3일을 굶으면 남의 담장을 넘는다고 했다. 그러나 군자는 아무리 곤궁해도 자신을 지키며 예에서 벗어나지 않고 원망하지 않고 후회하지 않으며 오로지 학문을 갈고 닦을 뿐이라는 뜻이다.

40
먼 앞날을 생각하지 못하면

공자가 말했다.
사람이 멀리 내다보지 못하면, 가까운 데 근심이 있다.

■

人無遠慮 必有近憂(인무원려 필유근우)

[옮긴이 생각]

사람이 어떤 일을 하든, 목표를 세우고 그 목표를 이루기 위한
세부 계획을 치밀하게 짜지 않으면, 얼마 가지 않아 계획에 차질
이 생기고, 생각하지 못했던 각종 문제가 발생하여 골머리를 앓게
된다. 개인적인 일은 물론이고, 특히 회사 일이나 나라 일 같은 공
적인 일을 할 때는 특히 먼 앞날을 바라보고 계획을 세워야 한다.
돌다리도 두드려 보고 건넌다는 말대로, 치밀하게 해 나가야 하는
것이다. 공적인 일에는 작은 실수 하나가 수많은 사람에게 엄청난
해를 끼치게 되기 때문이다.

182

41

· · · · ·
덕을 좋아하기를

공자가 말했다.

끝이로구나, 나는 아직 덕(德)을 좋아하기를 아름다운 여자를 좋아하는 것처럼 하는 사람을 보지 못했다.

■

已矣乎 吾未見好德 如好色者也(이의호 오미견호덕 여호색자야)

[옮긴이 생각]

남자라면 누구나 아름다운 여자를 좋아한다. 그것은 본능이다. 공자는 덕을 좋아하기를 아름다운 여자를 좋아하는 것만큼 좋아하는 사람을 보지 못했다고 한탄한다. 덕은 이성적인 것이다. 스스로 자제하고 냉철하게 판단해야 사회의 풍속이 바르게 서고 도덕과 윤리가 지켜지는 것이다. 이렇게 이성적인 것을 본능적인 것만큼 좋아하여 체질화한 사람이 군자다. 이런 사람이 많아야 사회가 바르게 되는데, 그런 사람을 보기 어렵다고 공자는 한탄한다. 오늘날이라고 달라진 게 있을까?

183

42
· · · · ·
자신을 사랑하듯 남을 사랑하라

자공이 공자에게 물었다.

"선생님, 죽을 때까지 삶의 지표로 삼을 만한 말이 있습니까?"

공자가 말했다.

"그런 말이 있다면, 그것은 '자신을 사랑하듯 남을 사랑하라'는 말일 것이다. 그 말은 곧 내가 하기 싫은 일을 남에게 시키지 않는다는 뜻이다."

[옮긴이 생각]

자신을 사랑하듯 남을 사랑하는 것은 한 마디로 서(恕)이다. 서는 자신이 느끼는 감정으로 다른 사람의 감정을 미루어 살핀다는 뜻이다. 마음을 사물에까지 미치게 하여 한없이 베푸는 경지이므로, 자신이 이 세상을 마칠 때까지 새겨 두어야 할 말이다.

☞자공(子貢) : 공자의 제자 단목사(端木賜). 재주가 총명하고 언변이 좋고 이재에도 밝았다.

184

43

• • • • •
잘못을 저지르고 나서

공자가 말했다.
잘못을 저지르고 나서 고치지 않으면, 그것이 곧 잘못이다.

■

過而不改 是謂過矣(과이불개 시위과의)

[옮긴이 생각]

사람은 자기 행위에 대해서는 이상할 정도로 고집을 부린다. 자기가 한 일이 잘못인 줄 알면서도 체면과 권위 때문에 그 잘못을 바로잡으려 하지 않는다. 그러나 사람이 하는 일이란 잘못할 수도 있고 잘할 수도 있는 것이다. 잘못을 인정하고 빨리 바로잡으려는 사람이야말로 존경할 만한 사람일 것이다. 특히 큰 일을 맡고 있는 사람일수록 자기 잘못을 인정하지 않으려는 속성이 강하다. 공자는 이런 사람의 마음을 꿰뚫어보고 '잘못을 고치지 않는 것이 더 큰 잘못'이라고 지적했다.

44
. . . . .
간교한 말은

공자가 말했다.

간교하게 꾸며서 하는 말은 덕을 어지럽히고, 사소한 일을 참지 못하면 큰 일을 그르친다.

■

巧言 亂德 小不忍則亂大謀

(교언 난덕 소불인즉난대모)

[옮긴이 생각]

말을 듣기 좋게 과장하거나 꾸미면, 진실을 호도하여 판단을 흐리게 할 수 있다.

사람은 누구나 그럴싸하게 꾸며서 하는 말에 귀가 솔깃해지게 마련이다.

그래서 공자도 나이 예순이 되어서야 귀가 뚫렸다고 말했다. 말의 화려함에 현혹되지 않고 말의 진실을 가려 들을 수 있는 귀를

186

가져야 덕에 손상을 입지 않는다는 뜻이다.

　사소한 일에 참지 못하고 발끈하는 태도는 소인이나 필부의 좁은 소견머리이므로, 그것을 참지 못하면 사람들의 도움을 받지 못하게 되거나 기밀이 누설되어 큰 일을 망치게 된다는 말이다.

45
·····
유익한 즐거움과 해로운 즐거움

공자가 말했다.

나에게 유익한 즐거움이 세 가지요, 나에게 해로운 즐거움이 세 가지 있다.

규제와 풀어 줌의 조화를 즐기고, 남의 좋은 점 칭찬하기를 즐기고, 어진 사람 많이 사귀기를 즐기면 유익하고, 쾌락을 즐기고, 빈둥거리기를 즐기고, 음주가무를 즐기면 해롭다.

■

益者三樂 損者三樂, 樂節禮樂 樂道人之善 樂多賢友 益矣, 樂驕樂 樂佚遊 樂宴樂 損矣(익자삼락 손자삼락, 낙절예악 낙도인지선 낙다현우 익의, 낙교락 낙일유 낙연락 손의)

[옮긴이 생각]

이 말은 좋은 벗 셋, 해로운 벗 셋과 관련된다. 군자라면 즐기는 것에서도 이롭고 해로운 것을 반드시 구별해야 한다는 것이다.

188

46

사람이 경계해야할 세가지

공자가 말했다.

사람이 경계해야 할 세 가지가 있다.

젊을 때는 혈기가 안정되어 있지 않으므로 여색을 조심해야 하고,

장년기에는 혈기가 굳어지므로 싸움에 휘말리지 말아야 하고,

늙어서는 혈기가 쇠잔해지므로 욕심을 부리지 말아야 한다.

■

君子 有三戒 少之時 血氣未定 戒之在色 及其壯也 血氣方剛 戒之在鬪 及其老也 血氣旣衰 戒之在得(군자 유삼계 소지시 혈기미정 계지재색 급기장야 혈기방강 계지재투 급기로야 혈기기쇠 계지재득)

[옮긴이 생각]

보통 사람이나 성인이나 혈기는 동일하다. 성인이 보통 사람과 다른 점은 의지나 기개가 있다는 것이다.

189

47
.....
군자가 두려워해야할세가지

공자가 말했다.
군자는 두려워해야 할 일 세 가지가 있다.
천명(天命)을 두려워하고,
큰 인물[大人]을 두려워하고,
성인의 말을 두려워해야 한다.
소인은 천명을 알지 못하므로 두려워할 줄 모르고, 큰 인물을
알아보지 못하므로 버릇없이 굴며, 성인의 말을 알아듣지 못하므
로 업신여긴다.

■

君子 有三畏 畏天命 畏大人 畏聖人之言, 小人 不知天命而不畏也 狎大
人 侮聖人之言(군자 유삼외 외천명 외대인 외성인지언, 소인 부지천명이불외야 압
대인 모성인지언)

190

48

사람이 해야할 아홉 가지 생각

공자가 말했다.

볼 때는 '꿰뚫어 봄'을 생각하고

들을 때는 '분명하게 들음'을 생각하고

얼굴빛은 '온화함'을 생각하고

태도는 '공손함'을 생각하고

말은 '성실함'을 생각하고

일은 '신중함'을 생각하고

의심나면 '물어 봄'을 생각하고

화날 때는 '나중에 돌아올 어려움'을 생각하고

얻는 것이 있거든 '옳은 것인가'를 생각하라.

■

視思明 聽思聰 色思溫 貌思恭 言思忠 事思敬 疑思問 忿思難 見得思義

(시사명 청사총 색사온 모사공 언사충 사사경 의사문 분사난 견득사의)

49
선한 일을 보거든

공자가 말했다.

선한 일을 보면 저렇게 하지 못하면 어쩌나 안달하고, 선하지 않은 일을 보면 마치 끓는 물에 손이 닿는 듯이 얼른 피해야 한다.

■

見善如不及 見不善如探湯

(견선여불급 견불선여탐탕)

[옮긴이 생각]

선한 일을 보면, 아무리 애를 써서 해도 다 하지 못할 것 같은 안타까운 마음을 가지고 힘을 다하여 행하고, 선하지 않은 일을 보면, 끓는 물에 손이 닿았을 때 깜짝 놀라서 얼른 손을 떼는 것처럼 바로 피해야 한다는 말이다.

그렇게 한 사람으로는 안자, 증자, 염구, 민자건 같은 제자들이 있다고 공자는 말했다.

192

50

• • • • •

어질지 않은 사람은 도울 수 없다

노나라의 세력가인 계강자(季康子)를 몰아내고 정권을 잡은 양화(陽貨)가 공자를 만나고 싶어했으나, 공자는 그를 만나러 가지 않았다.

양화는 공자가 집에 없는 틈을 타서 돼지를 선물로 보냈다. 공자는 예를 아는 사람이기 때문에 틀림없이 답례 인사를 하러 올 것이라 계산하고 선물을 보낸 것이다.

공자는 고민하다가, 양화가 자리를 비운 사이에 찾아가 인사를 하고 돌아왔다. 그러니 그와 마주칠 일이 없었다. 그런데 일이 꼬이느라고 돌아오는 길에 양화와 마주쳤다.

양화가 반갑게 공자를 맞으며 이렇게 말했다.

"지금 나라가 몹시 어지러운 때입니다. 그대는 보배로운 재능을 품고 있으면서 나라의 어지러움을 내버려 두고 있으니, 그것을 어질다 할 수 있겠습니까?"

공자가 대답했다.

"어질다고 할 수 없겠지요."

"그대는 정치를 한번 잘 해 보고자 하는 뜻을 가지고 있으면서 시기를 놓치고 있는데, 이것을 지혜롭다고 할 수 있겠습니까?"

"지혜롭다고 할 수 없겠지요"

"세월은 흘러갈 뿐 기다려 주지 않습니다. 지금이 바로 그대가 나라를 위해 일을 해야 할 때가 아니겠습니까?"

공자가 고개를 들고 양화를 똑바로 바라보며 말했다.

"그렇습니다. 나는 언젠가는 나라 일을 할 것입니다."

[옮긴이 생각]

공자가 살던 때는 역사상 유례가 없는 혼란기였다. 신하가 왕을 죽이고, 대부가 제후를 죽이고, 가신이 대부를 죽이고, 아들이 아버지를 거역하는 일이 비일비재했다.

노나라의 사정도 마찬가지였다. 왕실을 허수아비로 만들어 놓고 나라의 전권을 4대에 걸쳐 주무르던 계씨, 그 계씨의 가신으로 계씨를 보필하던 양화가 계씨를 배신하여 몰아내고 정권을 장악한 것이다.

양화는 공자를 모셔다 자신의 권력을 튼튼히 하는 일을 돕도록 하고 싶었다. 그러나 공자는 양화의 처신이 올바른 것이 아니라고 판단해 그의 청을 거절하고 아예 만나 주지 않았다.

그러자 양화가 꾀를 내 공자에게 돼지를 선물한 것이다. 당시에는 대부가 선물을 보내면 반드시 찾아가 답례를 해야 하는 것이 예의였다. 그 기회를 이용해 공자를 만나려고 술수를 쓴 것이다. 이에 공자도 양화가 없는 틈에 찾아가 답례를 한 것이다. 그러나 돌아오는 길에 우연히 양화를 만나게 되어 어쩔 수 없이 대면하게 되었다.

양화는 공자에게 자기를 도와 달라고 은근히 돌려서 말하고 있다. 그러나 공자는 양화 같은 무도한 사람을 도울 마음이 없었다.

공자는 먹고 살기 위해 미관말직도 마다하지 않았지만, 무도한 사람 밑에서 부귀영화를 누리는 명분 없는 일은 하지 않겠다는 뜻으로 '나는 언젠가는 나라 일을 맡아 할 것' 이라고 말해 준 것이다.

51
・・・・・
성의를 다해 잘못을 일러 주고

자공이 공자에게 물었다.

"선생님, 벗을 사귈 때는 어떻게 해야 합니까?"

공자가 말했다.

"잘못이 있으면 성의를 다해 충고해 주고, 착한 길로 잘 이끌어 주되, 그래도 뉘우치고 고치지 않으면 사귀지 말아야 한다. 그래야 욕보는 일이 없어진다."

[옮긴이 생각]

친구가 나쁜 길로 가면 가지 못하도록 적극 말려야 한다. 그러나 나의 말을 듣지 않고 나쁜 길로 계속 간다면 친구의 관계를 끊어야 한다. 그렇지 않고 그와 사귀기를 계속하다가는 나까지 나쁜 길로 빠지게 되고 끝내는 무슨 수모를 당할지 모를 일이므로, 나쁜 길로 가는 친구와는 차라리 절교하는 편이 낫다는 충고다.

☞ 자공(子貢) : 공자의 제자. 공문(孔門) 십철(十哲)의 한 사람이며 언어(言語)에 뛰어났다.

196

52

● ● ● ● ●
사람을 도와 주는 방법

맹인 악사(樂士)가 공자를 만나기 위해 찾아왔다.

악사가 층계에 이르니 공자가 "층계입니다." 하고 말했다.

악사가 자리에 이르니 공자가 "자리입니다." 하고 말했다.

모두 자리에 앉자 공자가 "아무개는 여기 있고, 아무개는 저기 있습니다." 하고 알려 주었다.

악사가 물러간 뒤 자로가 공자에게 물었다.

"선생님, 그렇게 하는 것이 맹인과 대화하는 방법입니까?"

공자가 말했다.

"그렇다. 그렇게 하는 것이 맹인을 도와 주는 방법이다."

☞ 자로(子路) : 공자의 제자 중유(仲由). 노나라 사람으로 성품이 용감하고 정직했다.

53
· · · · ·
많은 사람이 미워하더라도

공자가 말했다.

모두들 싫어하는 사람이라 하더라도 반드시 살펴보아야 하고,
모두들 좋아하는 사람이라 하더라도 반드시 살펴보아야 한다.

■

衆惡之 必察焉 衆好之 必察焉

(중오지 필찰언 중호지 필찰언)

[옮긴이 생각]

모든 사람이 미워하고 싫어하면 왜 그를 미워하고 싫어하는 가
를 살피고, 모든 사람이 좋아하고 칭찬하는 사람이라도 그 원인을
살펴서, 혹 사사로운 감정에 휘둘리지는 않았는지 살펴보아야 한
다는 뜻이다.

모든 사람이 미워하고 싫어하는 사람이라고 해서 반드시 나쁜
사람이라고 단정지을 수 없는 것이, 신념을 가지고 일을 하다 여

198

러 사람에게 비난을 받을 수도 있기 때문이다.

또 서로의 이익에 상충되는 사업을 하다 보면 남의 미움을 살수도 있기 때문이다.

모든 사람이 좋아하고 칭찬하는 사람이라고 해서 반드시 좋은 사람이라고 단정지을 수 없는 것이, 세상 인심에 부화뇌동하여 인기를 얻을 수도 있기 때문이다.

여론이란 애매모호한 것이어서, 대중은 남의 말만 듣고 선입견을 만들어 여론을 형성한다.

그러므로 공자는 사람을 판단할 때는 반드시 자신이 직접 잘 살펴보고 판단해야 한다고 했다.

무엇이 진실인지를 알아보지도 않고 남의 말과 여론에 휩쓸리지 말라는 충고의 말이다.

54
윗사람을 모실 때 주의할 점 세가지

공자가 말했다.

윗사람을 모실 때 주의 할 점 세 가지가 있다.

윗사람이 말을 하기 전에 먼저 말을 꺼내는 버릇은 조급하여 침착하지 못한 행동이며, 윗사람이 말을 했는데도 대꾸하지 않는 태도는 속내를 감추는 행동이며, 윗사람의 안색을 살피지 않고 말하는 버릇은 눈치없는 소경과 같은 행동이라고 말한다.

■

侍於君子 有三愆 言未及之而言 謂之躁 言及之而不言 謂之隱 未見顏色而言 謂之瞽 (시어군자 유삼건 언미급지이언 위지조 언급지이불언 위지은 미견안색이언 위지고)

[옮긴이 생각]

이 말은 윗사람을 대할 때에만 해당되는 것이 아니다.

가정 생활이나 사회 생활에서나 남을 상대할 때는 언제나 새겨

200

두고 실천하면 실수가 없을 것이다.

　사람들은 남의 이야기를 듣기보다는 자신의 생각을 이야기하려는 충동에 사로잡히기 쉽다. 그래서 남이 먼저 말을 하기 전이나 남이 이야기하는 도중에 끼여들어 말허리를 자르는 경우가 많다. 이런 버릇은 침착하지 못하고 가벼운 사람으로 보이게 한다.

　남이 묻거나 이야기했을 때 대꾸하지 않는 것은 자신을 드러내지 않으려는 것이니 정직하지 못한 사람으로 보인다.

　남과 이야기할 때는 남의 안색을 살펴야 한다는 것이다.

④

인의예지란 무엇인가

자장이 공자에게 물었다.
"인(仁)이란 무엇입니까?"
공자가 말했다.
다섯 가지를 실천할 수 있으면
어질다 할 수 있다.
공손함, 관대함, 신의, 민첩함, 그리고 은혜,
이 다섯 가지다.
공손하면 남을 업신여기는 일이 없고,
관대하면 많은 사람이 따르게 되고,
신의가 있으면 남이 믿고 일을 맡기고,
민첩하면 공적을 이룰 수 있고,
은혜를 베풀면 남을 부릴 수 있다.

ｌ
•••••
예를 행하는 데는

유자가 말했다.

예를 실천하는 데는 조화로움이 중요하다. 옛날 성군들이 한 일을 아름답다고 하는 것은 크고작은 일이 다 조화를 이루었기 때문이다.

그러나 행동하지 못할 것이 있다. 조화로움만을 알고 조화로운 데만 힘써서 예절이 수반되지 않으면 행동할 수 없는 것이다.

■

禮之用 和爲貴 先王之道 斯爲美 小大由之 有所不行 知和而和 不以禮節之 亦不可行也 (예지용 화위귀 선왕지도 사위미 소대유지 유소불행 지화이화 불이예절지 역불가행야)

[옮긴이 생각]

예를 실천할 때는 '적당한 선'을 지켜야 한다.

예가 지나치면 오히려 공경함이 아니라고 했다. 평절을 해야 할 사람에게 큰절을 올린다든지, 악수 정도를 나눌 사람에게 껴안고 얼굴을 비빈다든지, 받는 사람이 부담스러워할 정도로 과분한 선물을 한다든지 하는 '조화로움'이 깨진 '예'는 오히려 예가 아닌 것이다. 반드시 예의 기본 정신과 원칙에서 벗어나지 않게 조절해야 한다.

예의 수준이 적절하게 조화를 이루었을 때 인간 관계도 원만해지고 하는 일도 잘 처리되는 것이다. 그러나 조화만으로는 잘 안 될 때도 있다.

조화에만 너무 치우친 나머지, 예의 기본 정신과 원칙으로 조절하지 않으면, 일을 제대로 해 나갈 수 없다.

☞예(禮) : 사람과 사람의 관계에서 스스로 지켜야 할 질서나 규범. 남이 하는 제재가 아니라 스스로 하는 규범을 말한다.

2
·····
믿음을 주어라

유자가 말했다.

약속이 올바르면 약속한 말을 지킬 수 있고, 공손함이 예의바르면 부끄러움과 욕됨을 멀리할 수 있고, 나에게 의지하는 사람과 친밀함을 잃지 않으면 존경받는 사람이 될 수 있다.

■

信近於義 言可復也 恭近於禮 遠恥辱也 因不失其親 亦可宗也
(신근어의 언가복야 공근어례 원치욕야 인불실기친 역가종야)

[옮긴이 생각]

올바른 생각, 올바른 가치관, 올바른 일에 대한 약속은 깨지지 않는다. 왜냐 하면 진솔한 마음의 밑바닥에서 우러나온 약속이기 때문이다.

'그 사람이 한 말이라면 믿을 수 있다' 는 평가는 곧 그 사람의 인격을 믿는다는 말이다.

206

인간 관계에서 가장 중요한 것은 말에 대한 믿음이다. 이것이 인간과 사회의 신뢰를 담보하기 때문이다. 말에 대한 믿음은 그 말이 진실, 즉 올바름에 바탕을 두었을 때 생기는 것이다.

예절에 바탕을 둔 공경은 인간 관계를 원만하게 한다. 그러므로 내가 남을 공경한다고 해서 부끄러워할 것도 욕될 것도 없다.

예에 벗어난 공경은 나 자신을 지나치게 낮추어 나의 인격을 포기한 것이므로 부끄러운 것이고 욕된 것이다.

나에게 의지하는 그 사람과 친하게 지낸다면 그 의지하는 사람은 나를 더욱 존경하여 받들게 되므로 자연히 그 사람의 주인이 될 수 있는 것이다. 또 남이 문제의 해결을 부탁해 왔을 때 성심껏 해결해 주려고 노력하는 사람이라면 그런 사람은 존경받을 만한 사람이다.

☞유자(有子) : 공자의 제자. 유약(有若)이며 자는 자유(子有)이다. 노(魯)나라 사람이며 평음후(平陰侯)에 봉해졌다. 공자의 제자중 10철(十哲)의 한 사람이며 문학(文學)에 통달하였다.

3
 ·····
 의를 보고도

공자가 말했다.
의(義)를 보고도 행하지 않는 것은 용기가 없는 것이다.

■

見義不爲 無勇也
(견의불위 무용야)

[옮긴이 생각]
알고도 행동하지 않는 것은 용기가 없거나 자신에게 해가 된다고 판단하기 때문이다.

세상은 불의, 부정, 사악함이 서로 연계해서 정의를 배척한다. 왜냐 하면 정의가 힘을 쓰면 자기들이 몰락하기 때문이다. 그래서 사람들은 '의'를 보고도 행하기를 주저한다.

만약 의를 행했다가 불의, 부정, 사악함의 연합군에게 공격을 당해 어디서 쥐도 새도 모르게 죽을지 모르기 때문이다.

정의란 그렇게 위험을 동반한다. 그래서 사람들은 일신의 안위를 위해 '의'를 보고도 못 본 척 외면하기 일쑤고, 그것이 비겁한 행동이라고 부끄러워하면서도 온갖 궤변으로 합리화하려 한다.

'의'를 보고 '의'의 편에 서서 '의'를 행하는 데는 반드시 목숨을 담보하는, 또는 파멸을 감수하는 용기가 있어야 한다.

현실에서는 의를 보고도 외면하는 경우가 의를 행하는 경우보다 많이 일어나는데 자신의 안일을 생각하기 때문이다.

정의란 힘을 수반하지 않으면 무력해진다고 했다. 사회에 불의가 난무할 때는 의를 보고도 못본 체하고 나쁜 사람을 보고도 피해 지나간다. 자신이 혹 피해를 입을까 걱정해서이다.

그러므로 공자는 의를 보고도 행하지 않는 것은 용기가 없기 때문이라고 질타하며 용기를 내서 의를 행하라고 말하는 것이다.

4
· · · · ·
사람이 어질지 않은데

공자가 말했다.

사람이 어질지 않은데 예가 무슨 소용이 있으며, 사람이 어질지
않은데 자유로움이 무슨 소용이 있겠는가.

■

人而不仁 如禮 何 人而不仁 如樂 何(인이불인 여례 하 인이불인 여락 하)

[옮긴이 생각]

예는 지켜야 할 도리, 규범 등을 말하고, 악(樂)은 도리, 규범
에서 벗어난 상태, 즉 자유로운 상태를 말한다. 그래서 공자는 예
가 지나치면 답답해지고, 악이 지나치면 방종해진다고 말했다. 예
와 악은 어느 한쪽으로 치우치지 않게 서로 적절히 조화를 이루
어야 하는 것이다. 어진 사람만이 예와 악을 적절히 조화할 줄 알
고, 상황에 따라 예를 강조하거나 악을 강조하거나 판단할 줄 안
다는 말이다. 반대로 어질지 않은 사람은 이런 적절한 조화를 할
줄 모르므로 예와 악이 다 제 기능을 하지 못하게 된다는 말이다.

210

5
. . . . .
예란 무엇인가

임방이 '예'의 본질에 대해 물으니 공자가 말했다.

'예'는 분에 넘치기보다 검소해야 한다. 부모 상을 당하면 형식보다는 진심으로 슬퍼하는 마음이 있어야 한다.

[옮긴이 생각]

우리는 남을 대접할 때 호화롭게 해야 낯이 서고 예의를 지킨 것이라고 생각한다. 결혼식을 할 때, 부모 상을 당했을 때, 남보기에 좋도록 분에 넘치는 행사를 치르려고 한다. 그러나 그런 형식적인 것이 중요한 것이 아니다. 기쁠 때 진심으로 기뻐하고, 슬플 때 진심으로 슬퍼하는 마음, 그 마음이 중요한 것이다. 예란 마음의 드러남이기 때문이다.

검소하면서도 진심이 담긴 행사에는 어딘지 모르게 감동적인 분위기가 참석한 사람들을 사로잡게 마련이다.

☞ **임방**(林放) : 공자의 제자. 자는 자구(子邱).

211

6
•••••
군자는 다투지 않지만

공자가 말했다.

군자는 다투는 일이 없지만, 활쏘기 시합에서는 그렇지 않다.

시합할 상대에게 읍하고, 서로 먼저 단에 오르기를 권한다. 단에 올라가 활을 쏘고, 단에서 내려오면 진 사람에게 술을 권한다.

활쏘기 시합의 다툼이여, 군자답구나.

[옮긴이 생각]

군자는 남과 다투지 않지만, 활쏘기처럼 점수를 다투는 경우라도 예의를 지켜야 한다는 말이다. 상대를 존경하고, 처음부터 끝까지 예의를 잃지 않으면, 비록 그것이 다툼이라 하더라도, 오히려 멋진 일이 아니겠는가. 공자는 이 말에서 예의의 생활화를 강조하고 있다.

☞읍(揖) : 두 손을 맞잡고 머리 숙여 정중히 하는 인사.

212

7
그렇게하는것이예

공자가 노나라 시조인 주공단(周公旦)의 사당에 들어가, 모든 일을 일일이 물어서 처리했다.

이것을 본 어떤 사람이 말했다.

"누가 공자를 가리켜 예를 안다고 했는가. 저렇게 일일이 물어서 처리하는데."

공자가 이 말을 듣고 말했다.

"물어서 처리하는 것이 예이기 때문이다."

[옮긴이 생각]

자기가 안다고 해서 자기 멋대로 전횡하는 것은 예가 아니다. 태묘에서는 고관이나 종친의 연장자가 많이 참석하므로 태묘에서의 예는 연장자에게 물어서 처리해야 하는 것이다. 곧 알더라도 물어서 처리해야 할 상황에서는 묻는 것이 예이다. 공자는 이 점을 말했다.

213

8
진심이 있어야 예가 따른다

자하가 물었다.

"시경에 보면 '방긋 웃으니 입매 더욱 곱고, 아름다운 눈 맑은 눈동자, 눈매 더욱 고와라. 흰 바탕에 곱게 칠한 색깔 같구나.' 하는 구절이 있습니다. 무슨 뜻입니까?"

공자가 말했다.

"그림을 그릴 때, 하얀 바탕이 있어야 색을 칠해 아름다운 그림을 그릴 수 있다는 말이다."

자하가 다시 물었다.

"그렇다면, 마음은 흰 바탕처럼 우선하는 것이고, 예는 색깔을 칠하는 것처럼 나중입니까?"

공자가 말했다.

"네가 나를 깨우쳐 주는구나. 비로소 너와 함께 시를 이야기할 만하구나."

214

[옮긴이 생각]

하얀 종이나 비단이 있어야 거기에 고운 색으로 그림을 그릴 수 있는 것처럼, 순수한 진심의 바탕에서 우러난 '예'라야 참된 '예'라 할 수 있을 것이다. 그러므로 순수한 진심이 먼저고 '예'는 그 다음이라는 말이다.

공자의 3천 여 제자 중에서도 공자와 시를 함께 이야기한 사람은 자공(子貢)과 자하(子夏) 두 사람이 나온다.

☞ 자하(子夏) : 성은 복(卜)이고 이름은 상(商)이다. 위(衛)나라 사람이며 위공(衛公)에 봉해졌다. 문학에 통달하였다.

215

9
· · · · ·
나는 예를 아낀다

자공이 고삭 때 희생 양 바치는 관례를 버리려 하니, 공자가 이렇게 말했다.

"너는 양을 아끼느냐? 나는 예를 아낀다."

■

爾愛其羊 我愛其禮

(이애기양 아애기례)

☞고삭(告朔) : 매년 섣달에 천자가 제후들에게 달력을 나누어주면, 제후들은 그것을 보관해 두었다가 정월 초하루에 희생으로 양을 바쳐 제사지내고 나서, 그 달력을 백성에게 나누어주는 풍습. 노나라 문공 때부터 이 풍습이 잘 행해지지 않았다.

216

10
·····
임금은 예로써 신하를 대하고

공자가 말했다.

"임금을 섬기는 데 예를 다하면, 사람들은 아첨한다고 모함한다."

정공이 물었다.

"임금이 신하를 대하고, 신하가 임금을 섬기는 일은 어떻게 해야 합니까?"

공자가 말했다.

"임금은 예로써 신하를 대하고, 신하는 충성으로써 임금을 섬기면 됩니다."

☞정공(定公) : 노나라 임금. 이름은 송(宋)이다.

11
배울것이없는사람

공자가 말했다.

아랫사람에게 너그럽지 않은 상사, 윗사람에게 예의를 갖춰 공경할 줄 모르는 부하, 상(喪)을 당하여 슬퍼하지 않는 자손, 나는 이런 사람에게서 무엇을 보겠는가.

■

居上不寬 爲禮不敬 臨喪不哀 吾何以觀之哉
(거상불관 위례불경 임상불애 오하이관지재)

[옮긴이 생각]

오늘날의 직장과 조직에서 윗자리에 있거나 아랫자리에 있는 사람이라면 누구나 가슴에 새겨 두어야 할 말이다.

상사가 갖춰야 할 수많은 덕목 중에서 '너그러움'보다 더 중요한 덕목은 없을 것이다.

그리고 부하가 갖추어야 할 수많은 조건 중에서 상사와 동료를

218

예로써 공경하는 태도만큼 중요한 자세도 없을 것이다.

너그러운 상사, 예의바른 부하가 있는 직장과 조직은 따뜻한 분위기 속에서 손발이 척척 맞아 일을 잘해 나갈 것 같은 느낌이 들지 않은가.

윗자리에 있을 때는 부하들을 사랑하는 마음으로 감싸안고 너그러움으로 근본을 삼는다.

예절을 펴 나갈 때는 공경으로써 근본을 삼아서 일상 생활에 임한다.

상례를 당해서는 슬픔을 근본으로 삼아야 한다.

이상의 세 가지를 마음에 새겨서 사회의 생활에 임하면 조직이나 직장에서 존경받는 사회인이 될 것이다.

12
· · · · ·
어진 사람은

공자가 말했다.

마을의 풍속이 어질면 사람의 마음도 아름다워진다. 그러므로 풍속이 어진 마을을 골라 살지 않는다면 어찌 지혜롭다 할 수 있겠는가.

공자가 말했다.

어질지 못한 사람은 곤궁한 처지가 오래 지속되면 견디지 못하고, 즐거움이 있는 곳에도 오래 있지 못하니, 어진 사람은 '인(仁)'을 편안하게 여기고 지혜로운 사람은 '인'을 이롭게 여긴다.

공자가 말했다.

어진 사람은 사람을 좋아할 줄 알며, 또한 사람을 미워할 줄도 안다.

220

공자가 말했다.
진심으로 '인'에 뜻을 둔다면 악한 것이 없다.

[옮긴이 생각]

마을에서는 인후(仁厚)한 습속이 있어야 아름다움이 된다. 인후한 습속이 있는 마을을 가려 살지 않는다면 옳고 그른 것을 가리는 인간의 본심을 잃어서 지혜로운 사람이라고 할 수 없다.

어질지 못한 사람은 그 자신의 본래 선한 마음을 상실하여 곤궁한 처지가 오래 계속되면 반드시 넘쳐서 일탈하게 되고, 오래도록 즐기게 되면 반드시 음란한 곳으로 흐르게 된다.

오직 어진 사람만이 그 인(仁)에 편안해하고 일탈하거나 음란에 빠질 염려가 없으며, 지혜로운 사람은 인을 이용하고 자신이 지키는 것을 바꾸지 않는다.

또 어진 사람만이 사람을 이치에 맞게 좋아하기도 하고 이치에 맞게 싫어하기도 한다.

불인(不仁)한 사람은 미워하고 좋아하는 것을 이치에 따르지 않고 자신이 좋아하고 싫어하는 것에 따라 합리화하므로 공자는 '어진이만이 사람을 좋아할 줄도 알고 사람을 미워할 줄도 안다'고 한 것이다.

13

밥먹을 때라도 인을 지키고

공자가 말했다.

군자는 밥 먹을 때라도 '인(仁)'을 어기는 일이 없어야 한다. 급하고 어려울 때라도 '인'을 지켜야 하고, 위태로울 때라도 꼭 '인'을 지켜야 한다.

■

君子 無終食之間 違仁 造次 必於是 顚沛 必於是

(군자 무종식지간 위인 조차 필어시 전패 필어시)

[옮긴이 생각]

인(仁)이란 부하고 귀하고 가난하고 천하고를 가리지 않고 지켜야 하는 것이고, 밥을 먹거나, 위급할 때나, 실패한 순간이라도 어겨서는 안 되는 것임을 특별히 강조한 말이다.

14

나는 아직 보지 못했다

공자가 말했다.

나는 '어진 것'을 좋아하는 사람을 아직 보지 못했고, '어질지 않은 것'을 미워하는 사람도 아직 보지 못했다.

'어진 것'을 좋아하는 사람이야 더 바랄 것이 없지만, '어질지 않은 것'을 미워하는 사람은 모든 일을 어질게 하면서 어질지 않은 행동이 몸에 배지 않도록 해야 한다.

하루 온종일 어질고자 노력하는 사람이 어디 있겠는가. 나는 어진 일에 힘이 부치는 사람을 아직 보지 못했다. 아마도 그런 사람이 어디엔가 있으련만, 나는 그런 사람을 아직 보지 못했다.

■

我未見好仁者 惡不仁者(아미견호인자 오불인자)

好仁者 無而尙之 惡不仁者 其爲仁矣 不使不仁者 加乎其身
(호인자 무이상지 오불인자 기위인의 불사불인자 가호기신)

有能一日 用其力於仁矣乎 我未見力不足者 盖有之矣 我未知見也
(유능일일 용기력어인의호 아미견역부족자 개유지의 아미지견야)

223

15

그 사람의 허물을 보면

공자가 말했다.

사람의 허물은 사람에 따라 그 종류가 다 다르다. 그 사람의 허물을 보면 그 사람이 어진 사람인지 알 수 있다.

■

人之過也 各於其黨 觀過 斯知仁矣
(인지과야 각어기당 관과 사지인의)

[옮긴이 생각]

허물이란 개인에 따라 다르게 마련이다. 군자라고 해서 허물이 없을 수 있겠는가. 군자의 허물은 항상 후박한 데서 생기고 소인은 경박한 데서 생긴다. 군자의 허물은 지나친 사랑에서, 소인의 허무은 너무 야박한 데서 생기게 된다.

이러한 발생 원인을 보고 그가 어진 사람인지 아닌지를 알 수 있다고 했다.

224

16
. . . . .
덕은 외롭지 않으니

공자가 말했다.

덕은 외롭지 않으니, 반드시 이웃이 있다.

■

德不孤 必有隣(덕불고 필유인)

[옮긴이 생각]

지식인들이 흔히 사용하는 말이다.

덕이란 외롭게 서 있지 않다. 덕이 있으면 반드시 그의 부류가 모이게 되어 있다. 그러므로 덕을 갖추고 있으면 이웃들이 몰려들어서 한 마을을 이루게 된다.

순임금이 사는 곳에 수백 수천의 백성들이 몰려들어 큰 마을을 이루었고, 주나라의 고공단보(古公亶父)가 오랑캐에게 쫓겨 도읍을 버리고 새 고을로 옮기자 백성들이 따라가 다시 큰 고을을 이룬 예가 덕은 외롭지 않다는 반증이다.

225

17
· · · · ·
예의와 겸양으로 나라를 다스리면

공자가 말했다.

예의와 겸양으로 나라를 다스린다면 무슨 어려움이 있으랴.

예의와 겸양으로 나라를 다스릴 수 없다면 예(禮)를 무엇에 쓰랴.

■

能而禮讓 爲國乎 何有 不能而禮讓 爲國 如禮何

(능이예양 위국호 하유 불능이예양 위국 여례하)

[옮긴이 생각]

나라를 다스리는 사람의 기본적인 마음가짐에 대해 말했다.

진심으로 나라와 백성을 사랑하는 지도자를 그리워한 것은 옛날이나 지금이나 마찬가지인 모양이다.

백성을 존중하여 예의를 갖추고 겸손한 자세로 머리를 숙이고, 가슴을 열어 보여 주는 지도자는 없는 것일까.

226

우리 나라의 정치 지도자들에게 꼭 들려 주고 싶은 말이다.

지도자가 백성에게 진심에서 우러나는 예의를 갖추지 않고 겸손한 마음을 갖지 않는다면, 의전 절차 같은 까다로운 형식적 예절은 아무짝에도 쓸모없는 권위 의식과 허위 의식의 껍데기일 뿐이라고 공자는 말한다.

18

어진 사람이란

자공이 공자에게 물었다.

"선생님, 백성에게 은혜를 베풀어 구제할 수 있는 사람이라면, 그런 사람을 가리켜 어진 사람이라고 말할 수 있습니까?"

공자가 말했다.

"어찌 어진 사람이라고만 하겠는가. 반드시 성인이라고 말할 수 있을 것이다. 요임금이나 순임금 같은 이도 자신이 백성에게 은혜를 베풀어 구제하기에는 부족하다고 항상 걱정했다. 어진 사람은 자기가 서고자 할 때 남을 서게 해 주고, 자기가 이루고자 하는 마음이 있으면 남을 이루게 해 준다. 내게 가까이 있는 것부터 깨우치면 그것이 바로 인(仁)을 이루는 올바른 방도라 말할 수 있다."

☞ 자공(子貢) : 공자의 제자 중 10철(十哲)의 한 사람인 단목사(端木賜). 위나라 사람으로 언어에 통달하였다.

228

19
• • • • •
어진 것이 먼 데 있겠는가

공자가 말했다.

어진 것이 먼 데 있겠는가. 내가 어질고자 하면, 그 어진 것이 내게 오는데.

■

仁遠乎哉 我欲仁 斯仁至矣

(인원호재 아욕인 사인지의)

[옮긴이 생각]

어진 것을 관념적으로 좇을 것이 아니라 내 마음 속에서 실천하면 그것이 바로 어진 것이라는 뜻이다.

어진 것이 이상적인 목표라고 해서 학문적으로 아무리 연구하고 정리해도 그것은 먼 곳에 있는 것일 뿐, 내가 어진 마음을 가지고 어질게 행동하면, 그것이 바로 어진 것의 실체가 아니겠는가.

229

20

. . . . .

예가 없으면

공자가 말했다.

행동을 아무리 공손히 해도 예가 없으면 헛수고가 되고, 일을 아무리 신중하게 처리해도 예가 없으면 일을 겁내는 것이 되고, 아무리 용맹스러워도 예가 없으면 난폭해지고, 대쪽 같은 강직함도 예가 없으면 남에게 급박하게 보인다.

■

恭而無禮則勞 愼而無禮則葸 勇而無禮則亂 直而無禮則絞
(공이무례즉로 신이무례즉사 용이무례즉란 직이무례즉교)

[옮긴이 생각]

수고롭고 겁내고 어지러워지고 남에게 급박하게 보이는 이 네 가지는 예절이 없어서 그런 것으로 예절은 이러한 행동들을 순화시켜 중화를 이루게 하는 요소이다.

230

21
· · · · ·
지혜로운 사람, 어진 사람, 용기 있는 사람

공자가 말했다.

지혜로운 사람은 헷갈리지 않고, 어진 사람은 걱정하지 않고, 용기 있는 사람은 두려워하지 않는다.

■

知者不惑 仁者不憂 勇者不懼(자자불혹 인자불우 용자불구)

[옮긴이 생각]

지혜로운 사람은 사리 판단이 분명하므로 이럴까 저럴까 망설이거나, 잘못된 길로 빠지지 않는다. 어진 사람은 사랑으로 모든 것을 이해하고 감싸안으므로 근심 걱정의 싹이 돋아날 틈이 없다. 용기 있는 사람은 자기 신념이 뚜렷하고 정의감이 투철하므로, 그것이 바른 일이라면 그 일 때문에 자신에게 불이익이 돌아온다 해도 두려워하거나 주저하지 않는다. 공자는 사람이 갖추어야 할 덕목 세 가지를 간단명료한 말로 설명했다.

231

22
· · · · ·
예가 아니면

안연이 공자에게 물었다.

"선생님, 어질다[仁]는 것이 무엇입니까?"

공자가 말했다.

"사람이 사리사욕을 억누르고 예(禮)를 지키는 것이 바로 어진 것이다. 단 하루만이라도 사리사욕을 버리고 예를 지킨다면 어진 세상이 될 것이다. 어질다는 것은 나에게서 시작되는 것이지 남에게서 시작되는 것이 아니다."

안연이 다시 물었다.

"선생님, 좀더 자세히 말씀해 주십시오"

공자가 말했다.

"예가 아니면 보지 말고, 예가 아니면 듣지 말고, 예가 아니면 말하지 말고, 예가 아니면 움직이지 말아라."

■

顔淵問仁, 子曰 克己復禮爲仁 一日克己復禮 天下 歸仁焉 爲仁 由己 而

232

由人乎哉(안연문인, 자왈 극기복례위인 일일극기복례 천하 귀인언 위인 유기 이

유인호재)

顔淵曰 請問其目, 子曰 非禮勿視 非禮勿聽 非禮勿言 非禮勿動

(안연왈 청문기목, 자왈 비례물시 비례물청 비례물언 비례물동)

[옮긴이 생각]

　시·청·언·동(視聽言動)의 네 가지로 정이천(程伊川 : 頤)

은 시잠(視箴), 청잠(聽箴), 언잠(言箴), 동잠(動箴)의 네 가지

경계적인 잠언을 만들어 발표하였다.

　그것이 소학 제5권 가언(嘉言)의 광명륜(廣明倫)편에 들어 있다.

　그 내용이 깊고 심오하여 학자들이 깊이 참고할 만한 잠언이다.

☞ 안연(顔淵) : 공자의 제자 안회(顔回). 자는 자연(子淵). 노나라 사람이며 공
자의 수제자였다. 어질고 덕행이 있는 제자였으나 41세에 요절, 공자보다 일찍 죽
어 공자가 매우 애석해했다.

233

23

내가 싫은 일은 남에게 시키지 말고

중궁이 공자에게 물었다.

"선생님, 어떻게 하면 어질다(仁)고 하겠습니까?"

공자가 말했다.

"밖에 나가서 사람을 만날 때는 귀한 손님을 대하는 것처럼 하고, 백성을 다스릴 때는 큰 제사를 받드는 것처럼 하고, 내가 하기 싫은 일을 남에게 시키지 말아야 한다. 그렇게 하면 나라 일을 맡아 해도 원망이 없고, 집안 일을 처리해도 원망이 없을 것이다.

■

仲弓問仁, 子曰 出門如見大賓 使民如承大祭 己所不欲 勿施於人 在邦無怨 在家無怨(중궁문인, 자왈 출문여견대빈 사민여승대제 기소불욕 물시어인 재방무원 재가무원)

☞ 중궁(仲弓) : 공자의 제자 염옹(冉雍). 인품이 중후하고 과묵했다.

234

24
• • • • •
하고 싶은 말이 있어도 다 하지 마라

사마우 : 선생님, 어떻게 하면 어질다(仁)고 하겠습니까?

공자 : 어진 사람은 하고 싶은 말이 있어도 다 하지 말고 참아야 한다.

사마우 : 하고 싶은 말을 참으면 어질다고 할 수 있습니까?

공자 : 그렇다, 너는 말하고 싶은 충동을 참을 수 있겠느냐? 실천하기 어려울 것이다.

사마우 : 선생님, 그렇다면 군자란 어떤 사람입니까?

공자 : 군자는 근심하지 않고, 두려워하지 않는 사람이다.

사마우 : 근심하지 않고 두려워하지 않으면 군자라고 할 수 있습니까?

공자 : 진심으로 반성하여 잘못을 저지르지 않는다면, 무엇을 근심하고 무엇을 두려워하겠느냐.

☞ 사마우(司馬牛) : 공자의 제자. 송나라 사람으로 공자를 암살하려고 했던 상퇴의 아우다. 그는 형과 달리 학문에 뜻을 두고 공자의 제자가 되었다.

25
· · · · ·
남을 꺾어 이기려 하지 않고

원헌이 공자에게 물었다.

"선생님, 남을 꺾어 이기려 하지 않고, 자기 자랑을 하지 않고, 남을 원망하지 않고, 욕심부리지 않으면 어질다[仁] 할 수 있습니까?"

공자가 말했다.

"그렇게 하기는 어려운 일이지만, 그렇게 한다고 해서 그것이 꼭 어진 것인지는 나도 잘 모르겠구나."

■

克伐怨欲 不行焉 可以爲仁矣, 子曰 可以爲難矣 仁則吾不知也

(극벌원욕 불행언 가이위인의, 자왈 가이위난의 인즉오부지야)

[옮긴이 생각]

남에게 이기려고만 하는 일, 자기를 뽐내고 자랑하는 일, 모든 핑계를 남에게 씌우고 원망하는 일, 사리사욕에 눈이 어두워 탐욕

236

을 부리는 일 등을 하지 않는 원만한 인격을 갖추는 것도 중요하
지만, 그런 '하지 않는' 소극적 자세만으로는 어질다고 할 수 없
다는 말이다.

근원적으로 언행을 충실하게 하고 행동을 돈독하게 하며 사사
로운 욕심을 극복하고 예를 지켜 자신의 부정적 병폐를 완전히 뿌
리 뽑고 혼연일체의 심정으로 돌아가야 인에 이르는 것이다.

원헌이 묻는 그 정도는 인으로 가는 길은 되겠지만 인은 아니라
는 뜻이다.

☞ **원헌**(原憲) : 공자의 제자. 자는 자사(子思)이고 송(宋)나라 사람. 욕심이 없
고 마음이 청정한 인품의 소유자. 임성후(任城侯)에 봉해졌다.

26

•••••

덕이 있는 사람

공자가 말했다.

덕이 있는 사람은 올바른 말을 하지만, 올바른 말을 하는 사람
이라고 해서 꼭 덕이 있다고 할 수는 없다. 어진 사람은 용기가
있지만, 용기 있는 사람이라고 해서 꼭 어진 사람이라고 할 수는
없다.

■

有德者 必有言 有言者 不必有德, 仁者 必有勇 勇者 不必有仁

(유덕자 필유언 유언자 불필유덕, 인자 필유용 용자 불필유인)

[옮긴이 생각]

덕이 있는 사람은 언제나 도를 지키며 바른 행동과 바른 말을
하는 사람이다.

그러나 입으로는 바른 말을 하면서 실제 행동은 말과 다르게 하
는 사람들이 많다. 그러므로 바른 말을 한다고 해서 그 사람을 반

238

드시 덕이 있는 사람이라고 할 수 없는 것이다.

어진 사람은 옳은 일에는 어떤 어려움이 있더라도 굽히지 않고 실천하는 용기 있는 사람이다. 그러나 용기 있는 사람이라고 해서 다 어질다고는 할 수 없다.

용기만 있고 그 용기를 통제할 도덕적 기준이 서 있지 않은 사람은 용기를 쓸데없는 일에 쓰거나, 나쁜 일에 앞장서서 쓰기도 한다.

목숨 걸고 '용감하게' 쿠데타를 일으켜 민주주의를 말살하는 정치 군인을 어질다고 말할 수 없는 이치가 여기에 있다.

☞유덕자(有德者) : 온순한 것이 조화를 이루어 중심에 쌓여서 그 쌓인 것이 꽃을 피워 밖으로 나타난 사람. 곧 도덕이 충만하여 온화하면서도 위엄이 있고 위엄이 있으면서도 가까이 하고 싶은 사람.

239

27
·····
무엇이인에가까운가

공자가 말했다.

뜻이 강직하고, 행동에 과단성이 있으며, 인품이 소박하고, 말이 어눌한 것은 인(仁)에 가깝다.

■

剛毅木訥 近仁

(강의목눌 근인)

[옮긴이 생각]

뜻이 강직하고 행동에 과단성이 있으면 물욕에 굴하지 않는다. 인품이 소박하며 말이 유창하지 않고 어눌하면서도 세속적인 유혹에 빠지지 않는다. 이런 사람은 인(仁)한 사람에 가깝다는 말이다.

240

28

·····

덕을 알아주는 이는 드물다

공자가 말했다.

유(由)야, 덕을 알아 주는 이는 드물구나.

■

由, 知德者 鮮矣(유, 지덕자 선의)

[옮긴이 생각]

덕을 갖춘 사람을 알아 주는 사람은 덕을 조금이라도 갖춘 사람일 것이다. 덕을 갖춘 사람을 알아 주는 사람이 드물다는 것은, 그만큼 덕을 갖춘 사람들이 드물다는 말이다.

재물과 권력에만 눈이 팔려 있는 세속적인 인간들의 행태를 꼬집은 말로, 오늘날이나 옛날이나 그런 사람들이 설치는 세태는 달라지지 않은 모양이다.

☞유(由) : 공자의 제자로 노나라 변(卞) 땅 사람. 자로(子路)의 이름.

241

29
• • • • •
지조를 구부리지마라

공자가 말했다.

지조 높은 선비와 어진 사람은, 살아가는 데 이익이 된다고 해
서 '인(仁)'을 손상시키는 일이 없고, 내 몸을 죽여서라도 '인'
을 이룬다.

■

志士仁人 無求生而害仁 有殺身以成仁
(지사인인 무구생이해인 유살신이성인)

[옮긴이 생각]

강물에 빠진 어린아이를 구하고 자신은 급류에 휩쓸려 목숨을
잃은 사람을 가리켜 우리는 '살신성인(殺身成仁)'했다고 말한다.
이렇듯 자신의 목숨을 옳은 일을 이루는 데 아낌없이 바치는 사
람을 우리는 어진 사람이라고 말한다.

평생을 소록도에서 나환자를 돌보며 살다간 장기려 박사도 '살

242

신성인'의 정신으로 자신의 생애를 바친 사람이다.

자신들의 이익을 위해 환자들의 고통은 나몰라라 하고 파업에 열중한 의약 분업 사태 때의 의사들은 '살아가는 데 이익이 되는 일을 위해' 인(仁)을 손상시킨 사람들이다.

그러므로 그들을 가리켜 인술(仁術)을 베푸는 사람이라고 말할 수 없는 것이다.

☞지사(志士) : 절의(節義)가 있는 선비. 국가나 민족을 위해 한 목숨을 아끼지 않은 사람들.

30
· · · · ·
연장을 예리하게 벼르듯

자공이 공자에게 물었다.

"선생님, 인(仁)을 실천하려면 어떻게 해야 합니까?"

공자가 말했다.

"기술자가 일을 잘 하려면 먼저 연장을 예리하게 벼르듯, 인을 실천하려면 먼저 나라 안의 대부 중에서 현명한 이를 섬기고, 선비 중에서 어진 이를 벗으로 사귀어야 한다."

■

工欲成其事 必先利其器 居是邦也 事其大夫之賢者 友其士之仁者

(공욕성기사 필선이기기 거시방야 사기대부지현자 우기사지인자)

[옮긴이 생각]

인(仁)을 실천하기 위해서는 먼저 나라를 움직이는 사람들 가운데서 현명한 사람을 섬기고, 어진 선비를 가까이 사귀어야 한다고 했다.

244

그것은 곧, 솜씨 좋은 기술자가 일을 하기 전에 먼저 연장을 예리하게 잘 손질하는 것과 같다고 비유했다.

자공의 인에 대한 물음은 잘못된 것이다. 인은 실천하는 것이 아니고 함양하는 것인데 그 인의 기본을 알지 못하고 자공이 질문한 것이다. 그래서 공자는 인으로 들어가는 길로 답변한 것이다.

☞ **자공**(子貢) : 공자의 제자 단목사(端木賜). 위나라 사람. 언변이 뛰어났고 재주가 총명했다. 또 이재에도 뛰어나 재산을 많이 모았다고 한다. 공자가 여러 나라를 다니던 때 모든 자금을 자공이 제공했다고 한다.

245

31
·····
인은 물보다 소중하다

공자가 말했다.

사람에게 인(仁)은 물이나 불보다 더 중요하다. 물이나 불을 좇
다가 죽은 사람은 보았지만, 인을 좇다가 죽은 사람을 나는 아직
보지 못했다.

공자가 말했다.

인(仁)을 대하는 일은 스승에게도 양보하지 말아야 한다.

■

民之於仁也 甚於水火 水火 吾見蹈而死者矣 未見蹈仁而死者也
(민지어인야 심어수화 수화 오견도이사자의 미견도인이사자야)

當仁 不讓於師
(당인 불양어사)

246

[옮긴이 생각]

우리가 살아가는 데 가장 기초적이고 중요한 것은 물과 불이다. 그런데 인은 그 물과 불보다 더 중요한 것이라고 공자는 주장한다.

물이나 불에 뛰어들어 목숨을 잃는 사람은 있지만, 인에 뛰어들어 목숨을 잃는 사람은 없다고 강조한다.

인(仁)에 부딪치면 그것은 곧 자신의 임무이다. 자신의 임무는 비록 스승이라고 하더라도 양보가 있을 수 없는 일이다. 마땅히 용감하게 인으로 나아가 반드시 행해야 한다. 인이란 사람이 스스로 가져야 하는 것으로 서로 다투는 일이 있을 수 없다.

☞ 당인(當仁) : 인(仁)을 대하다. 인을 만나다.

247

32
·····
인을 실천하는 다섯 가지 행동

자장이 공자에게 물었다.
"인(仁)이란 무엇입니까?"
공자가 말했다.
다섯 가지를 실천할 수 있으면 어질다 할 수 있다.
공손함, 관대함, 신의, 민첩함, 그리고 은혜, 이 다섯 가지다.
공손하면 남을 업신여기는 일이 없고, 관대하면 많은 사람이 따르게 되고, 신의가 있으면 남이 믿고 일을 맡기고, 민첩하면 공적을 이룰 수 있고, 은혜를 베풀면 남을 부릴 수 있다.

■

能行五者於天下 爲仁矣, 恭寬信敏惠, 恭則不侮 寬則得衆 信則人任焉 敏則有功 惠則足以使人 (능행오자어천하 위인의, 공관신민혜, 공즉불모 관즉득중 신즉인임언 민즉유공 혜즉족이사인)

248

⑤

나라를 어떻게 다스릴 것인가

공자가 말했다.
자기가 맡은 일을 잘 처리할 만한
지혜를 지녔다 해도,
어진 것[仁]을 지키지 못하면
지위를 잃게 된다.
맡은 일을 잘 처리할 만한 지혜를 지녔고
어진 것을 지킬 수 있다 해도,
위엄을 보이지 못하면
백성들이 공경하지 않는다.
맡은 일을 잘 처리할 만한 지혜를 지녔고
어진 것을 잘 지키며 위엄을 보인다 해도,
예(禮)로써 백성을 움직이지 못하면,
훌륭한 지도자라는 평가를 보류할 수밖에 없다.

지도자가할일

공자가 말했다.

전차 1천 대 정도를 동원할 만한 능력이 있는 제후국을 다스리려면, 나라 일을 신중히 잘 처리하여 백성의 신망부터 얻어야 한다.

비용을 절약하여 사람들에게 베풀고, 백성을 부역에 동원하려면 생업에 지장이 없는 때를 골라야 한다.

■

道千乘之國 敬事而信 節用愛人 使民而時
(도천승지국 경사이신 절용애인 사민이시)

[옮긴이 생각]

나라를 다스리는 지도자는 백성의 지지, 곧 백성의 마음을 얻는 것이 가장 중요하고, 백성의 지지를 얻으려면 먼저 자신의 사치를 줄여 검소한 생활을 해야 하고, 그렇게 해서 절약한 재원으로 나를

250

도와 나라 일에 수고를 아끼지 않는 사람들에게 베풀어야 그들의 충성심을 얻을 수 있고, 그리고 나라 일에 백성을 동원하는 노역을 부과할 때는 백성들의 생업에 지장을 주지 않는 때, 이를테면 농한기 같은 때를 골라야 한다고 말했다.

공자의 백성 중심주의적 정치관을 잘 드러낸 말이다.

☞ **천승지국**(千乘之國) : 1승(一乘)은 전차 1대. 전차 1대는 말 네 필이 끌고, 전차에 탄 장교와 병사, 그리고 전차 뒤를 따르는 보병과 식량·무기 등을 나르는 노역병을 합해 70여 명이 따른다고 하니, 전차 1천 대를 동원한다면 약 10만 명의 군사를 동원할 만한 힘을 가진 제후국을 가리킨다.

2
·····
정치를 하는 데는

공자가 말했다.

정치는 덕(德)으로 해야 한다. 마치 붙박이별인 북극성을 중심으로 모든 별들이 도는 것처럼….

■

爲政以德 譬如北辰 居其所 而衆星共之

(위정이덕 비여북신 거기소 이중성공지)

[옮긴이 생각]

하늘의 별들이 북극성을 중심으로 도는 것처럼, 정치의 중심은 덕이 되어야 한다는 말이다.

모든 정치 행위의 기본을 덕에 둔다면, 백성이 임금을 따르지 않을 수 없고, 상하가 서로 신뢰하고 사랑하는 나라는 절대로 망하지 않는다는 덕치주의의 사상이다.

252

3
. . . . .
법으로 다스리면

공자가 말했다.

법으로 다스리고 형벌로 질서를 지키게 하면, 백성은 법을 피하고 형벌을 면하려고만 할 뿐 부끄러워할 줄 모르게 된다.

덕으로 다스리고 예로써 질서를 지키게 하면, 백성은 부끄러움을 알고 바르게 살 것이다.

■

道之以政 齊之以刑 民免而無恥 道之以德 齊之以禮 有恥且格

(도지이정 제지이형 민면이무치 도지이덕 제지이례 유치차격)

[옮긴이 생각]

민중을 권모술수나 형벌을 위주로 하여 다스리면 어떻게 하면 법을 피하고 형벌을 면할까만 생각할 뿐 예나 염치는 없어지고, 도덕과 예의로 백성을 이끌면 백성은 염치를 알게 되어 올바른 삶을 영위하게 된다는 것이다.

253

4
· · · · ·
백성이 따라오게 하려면

애공이 물었다.

"어떻게 하면 백성이 마음을 열고 따라올까요?"

공자가 말했다.

"올바른 사람을 발탁하고 올바르지 않은 사람을 버리면 백성들이 마음을 열고 복종합니다. 그러나 올바르지 않은 사람을 발탁하고 올바른 사람을 버려 두면, 백성들이 마음을 주지 않고 따르지도 않을 것입니다."

☞애공(哀公) : 노나라의 제후. 이름은 장(蔣)이다.

254

5

•••••

삼군을 통솔할 사람은

자로가 물었다.

"선생님께서 삼군을 통솔하게 되신다면 누구와 함께 하시겠습니까?"

공자가 말했다.

"맨손으로 호랑이를 잡으려 덤비고, 맨발로 깊은 강을 건너려 하다가 죽어도 뉘우치지 않는, 그런 무모한 인간과는 함께 하지 않을 것이다. 계획을 치밀하게 세우고 신중히 실천하여 목표를 성취하는, 그런 사람과 함께 할 것이다."

[옮긴이 생각]

삼군을 통솔해야 하는 사람이라도 용맹스럽기만 해서는 안 된다는 말이다. 그보다 더 중요한 것은 작전 계획을 잘 세우고, 그 작전 계획을 신중히 실천해서 반드시 성공시키는 그런 사람이라야 한다는 뜻이다.

255

6

. . . . .

이미지난일은

노나라 임금 애공이 사직의 일에 대해 물으니, 재아가 이렇게 대답했다.

"하나라 사람들은 소나무를 심어 상징목으로 삼았고, 은나라 사람들은 잣나무를 심어 상징목으로 삼았고, 주나라 사람들은 밤나무를 심어 상징목으로 삼았습니다. 밤나무를 상징목으로 심은 까닭은 백성을 두려움에 떨게 하려는 것입니다."

이 이야기를 전해 듣고 공자가 말했다.

"다 이루어진 일은 말하지 않고, 끝나가는 일은 간하지 않고, 지난 일은 탓하지 않아야 한다."

■

成事不說 遂事不諫 旣往不咎

(성사불설 수사불간 기왕불구)

256

[옮긴이 생각]

주나라의 사직에는 상징목으로 밤나무를 심었다. 왜 밤나무를 심었는가 하면 백성들이 두려움에 떨게 하기 위한 것이었다.

원문은 이렇다. 周人以栗 曰使民戰栗. '주나라 사람은 밤나무를 심었다. 그 의미는 백성을 두려움에 떨게 하려는 것이다.' 라고 해석했다.

밤나무 율자(栗)와 음이 같은 전율(戰慄)의 율(慄)자는 두려움에 벌벌 떠는 모습을 가리키는 말이다.

원문에는 일부러 밤율자(栗)를 써서 음이 같은 글자를 가지고 풍자한 것이다.

재아의 말을 전해 들은 공자는 재아의 잘못을 직접 지적하지 않고 격언을 들어서 재아의 말이 잘못되었음을 지적하였다.

☞ 사직(辭職) : 건국을 하면 국가의 상징으로 오른쪽에는 사직을 세워서 건국의 신위(神位)에게 제사를 모시고, 왼쪽에는 종묘(宗廟)를 세워서 선대 왕들에게 제사를 모시는 것이다.

257

7
•••••
백성을 설득하려면

공자가 말했다.

백성을 따라오게 할 수는 있으나, 왜 그렇게 해야 하는지를 다 알게 할 수는 없다.

■

民可使由之 不可使知之

(민가사유지 불가사지지)

[옮긴이 생각]

백성을 다스리는 데, 정책을 제시하고 따라오게 할 수는 있으나, 왜 그 정책을 따라야 하는지를 일일이 설명해서 백성들을 납득시킬 수는 없다는 말이다.

요즘 같은 민주 시민 사회에서는 맞지 않는 말이지만, 공자 시절은 봉건적 왕권 체제 시대라는 점을 염두에 두고 새겨야 할 말이다.

258

8
·····
위정자는 게으르지 말아야 한다

자로가 공자에게 물었다.

"선생님, 정치는 어떻게 해야 합니까?"

공자가 말했다.

"솔선수범하고, 백성을 위해 애쓰기를 잠시라도 게을리하면 안 된다."

■

先之勞之 無倦(선지로지 무권)

[옮긴이 생각]

정치를 하는 사람은 몸소 모범이 되어 행동으로 백성을 이끌어야 하고, 항상 백성의 입장에서 백성을 위해 노력하고, 항상 올바르려고 애쓰는 자기 독려에 게을러서는 안 된다는 뜻이다.

☞자로(子路) : 공자의 제자 중유(仲由). 정사(政事)에 통달하였다. 노나라 사람. 공자는 정직하고 용감한 자로의 성격을 매우 좋아했다.

259

9
· · · · ·
어지러운 나라에서는 살지 말고

공자가 말했다.

위태로운 나라에는 가지 말고, 어지러운 나라에서는 살지 마라.

세상이 바르게 돌아가면 나서고, 어지러우면 숨어 살아라.

나라가 바르게 돌아가는데 빈천하다면 부끄러워할 일이요, 나라가 어지러운데 부귀를 누린다면 부끄러워할 일이다.

■

危邦不入 亂邦不居, 天下 有道則見 無道則隱, 邦有道 貧且賤焉 恥也 邦無道 富且貴焉 恥也(위방불입 난방불거, 천하 유도즉현 무도즉은, 방유도 빈차천언 치야 방무도 부차귀언 치야)

[옮긴이 생각]

옛날 중국의 춘추 전국 시대에는 수백 개의 나라가 있었다. 뜻 있는 선비들은 자신의 정치적 이상을 실천하기 위해 자기에게 나라 일을 맡겨 줄 임금을 찾아다녔다. 그런 선비들에게 공자가 충고

한 말이다.

곧 망할 나라, 사직이 위태로운 나라에는 아예 들어가지도 말라고 충고한다. 그런 나라에 가서 벼슬을 살다가는 목숨을 잃을지도 모를 일이기 때문이다.

정의가 설자리를 잃은 나라, 온갖 불의와 협잡과 음모와 술수가 판치는 나라, 사회 기강이 무너져 풍속이 문란해진 나라에서는 살지 말라고 충고한다.

올바른 사회에서 빈천하게 사는 것은 자신이 무능하기 때문이므로 부끄러운 일이지만, 온갖 불의와 협잡과 음모와 술수가 판치는 사회에서 부귀롭게 산다는 것은 곧 부당한 방법이 아니면 얻을 수 없을 것이므로 매우 부끄러운 것이라고 말했다.

10
● ● ● ● ●
제자들과 함께

　어느 날 자로, 증점, 염구, 공서적이 모여 있는 자리에서 공자가 물었다.

　"만약 어떤 임금이 너희들의 학덕을 알고 벼슬자리에 쓰려고 한다면 어떻게 하겠느냐."

　자로가 먼저 대답했다.

　"천승(千乘)의 나라가 큰 나라〔大國〕 사이에 끼여 군사적인 위협으로 곤란을 당하고, 흉년이 들어 기근에 시달리는 제후국을 제가 맡아 다스린다면, 3년 안에 백성들을 용감하게 만들어 나라를 지키게 하고, 나라의 기강을 바로잡아 백성들이 의로 향하게 하겠습니다."

　자로의 말을 듣고 공자는 빙그레 웃었다.

　이어서 염구가 말했다.

　"사방 60∼70리, 혹은 그보다 작은 50∼60리쯤 되는 지역을 제가 다스린다면, 3년 안에 백성들의 생활을 풍족하게 할 수 있겠습니다. 그러나 예악(禮樂)은 제가 감당하기 어려우므로 잘 아는 사람을 기다리겠습니다."

공자는 공서적에게 "너는 어떻게 하겠느냐?" 하고 물었다.

공서적이 말했다.

"저는 능력이 없습니다. 배우는 것만을 원할 뿐이고, 다만 종묘에 제사를 지내는 일과 제후들의 예복과 의전에 관한 일을 돕는 작은 일이나 맡았으면 합니다."

비파를 타던 증점은 비파를 밀어 놓고 자리에서 일어나 말했다.

"저는 저 세 사람의 생각과 다릅니다."

공자가 "어떻게 다르냐. 각자 소신을 말하는 것이다." 라고 하였다.

증점이 대답했다.

"화창한 봄날이면 칙칙한 겨울옷을 벗어 버리고 가벼운 봄옷을 입고, 친구 대여섯 명과 아이들 예닐곱 명과 함께 온천에서 목욕하고, 산봉우리에 올라 바람을 쐬다가 노래를 부르며 돌아오겠습니다."

증점의 말을 듣고 공자는

"내 생각도 너와 같다."

하고 머리를 끄덕였다.

자로와 염구와 공서적이 밖으로 나가자, 증점이 공자에게 물었다.

"선생님께서는 아까 자로의 말을 들으시고 빙그레 웃으셨습니다. 왜 웃으셨습니까?"

"나라는 예로써 다스려야 하는데, 자로의 말에는 겸손함이 없었다. 그래서 웃었다."

"염구의 말은 나라를 이야기한 것이 아니지 않습니까?"

"염구는 사방 60~70리 정도의 작은 지역을 다스리겠다고 했다. 그러나 작다고 해서 어찌 나라가 아니겠느냐."

"공서적의 말도 나라를 이야기한 것이 아니었습니다."

"공서적은 종묘와 제후들의 모임을 이야기하지 않았느냐. 제후의 일이 곧 나라 일이 아니고 무엇이겠느냐. 공서적이 겸손해서 하찮은 일이라고 말했지만, 공서적이 하고자 하는 일이 작은 것이라면 어떤 일을 크다고 할 수 있겠느냐."

[옮긴이 생각]

공자가 다른 세 사람의 말보다 증점의 말에 동의한 것은, 증점이 세속적인 데 뜻을 두지 않고 대자연과 하나가 되는 고상한 삶에 뜻을 두었기 때문이다. 다른 세 사람은 모두 나라 다스리는 일을 말했기 때문에 공자는 탐탁치 않게 생각했다. 그러나 그들의 능력을 부인한 것은 아니다. 다만 나라를 다스리는 일에 앞서 높은 이상과 기상을 먼저 가져야 한다는 것을 강조했을 뿐이다.

☞ 자로(子路) : 공자의 제자 중유(仲由).
☞ 염구(冉求) : 공자의 제자. 자는 자유(子有).
☞ 공서적(公西赤) : 공자의 제자. 자는 자화(子華). 의전과 예법에 밝아, 공자가 죽었을 때 장례 위원장을 맡았다.
☞ 증점(曾點) : 공자의 제자. 자는 자석(子晳). 증삼의 아버지.

264

속이지마라

자로가 공자에게 물었다.
"선생님, 신하로서 임금을 섬길 때 어떻게 해야 합니까?"
공자가 말했다.
"속이지 말고, 면전에서 바른 말로 간해야 한다."

[옮긴이 생각]

신하로서 임금을 섬기는 도리를 말하고 있으나, 오늘날 우리들이 집안에서 부모를 모시거나, 사회에서 윗사람을 모시거나, 직장에서 상사를 모시는 아랫사람으로서 해야 할 도리 또한 이와 다르지 않을 것이다. 윗사람에게 자신의 의견을 말하거나 윗사람의 단점을 지적하여 말하기란 참으로 어려운 일이다. 아랫사람으로서는 윗사람에 대해 숨기거나 거짓이 없어야 자신의 의견을 당당히 밝힐 수 있는 것이다. 그리고 반드시 본인에게 직접 말해야 오해가 없게 된다. 직접 말하기가 어렵다고 해서 남에게 말한다든지, 뒤에서 불평한다든지 하면 안 된다는 말이다.

265

12
. . . . .
백성이 믿을 수 있게 하라

자공이 공자에게 물었다.

"선생님, 어떻게 하면 '정치를 잘한다' 할 수 있겠습니까?"

공자가 말했다.

"먹을거리를 넉넉하게 해 주고, 국방을 튼튼히 하면, 백성이 정부에 대한 믿음을 가질 것이다."

"선생님께서 말씀하신 경제, 국방, 신뢰, 이 세 가지 정책 중에, 어쩔 수 없이 한 가지를 버려야 한다면 어떤 것을 버려야 할까요?"

"국방을 포기해야 한다."

"나머지 두 가지 중, 어쩔 수 없이 또 한 가지를 버려야 한다면, 어떤 것을 버려야 할까요?"

"경제를 포기해야 한다. 예로부터 사람은 다 죽게 마련이지만, 백성의 믿음을 얻지 못하면 나라가 서지 못하는 법이다."

266

[옮긴이 생각]

경제 사정이 넉넉하고 국방이 튼튼하면 백성은 안심하고 살 수 있으므로 위정자를 신뢰하고 따르게 된다.

그러나 신뢰란 경제나 국방과 같은 물질적인 현실과는 차원이 다른 심리적이고 정서적인 것이다.

그러므로 위정자는 경제나 국방에 앞서 '우리를 끝까지 지켜 줄 것'이라는 백성의 신뢰감을 배반하지 말아야 하고, 아무리 어려운 상황에 처하더라도 백성을 지키려는 마음을 저버려서는 안 된다는 뜻이다.

☞ 자공(子貢) : 공자의 제자. 이름은 단목사(端木賜). 위나라 사람. 노나라와 위나라에 벼슬하여 외교 담판에 성공을 거두었다. 이재에도 밝아 부를 이루었다고 한다. 죽은 후 여공(黎公)에 봉해졌다.

13
· · · · ·
임금이 임금답고

제나라 경공이 공자에게 물었다.

"어떻게 하면 정치를 잘할 수 있습니까?"

공자가 말했다.

"임금은 임금답고 신하는 신하다워야 하고, 아비는 아비답고 자식은 자식다워야 합니다."

이 말을 들은 경공이 감탄하며 말했다.

"참으로 좋은 말씀이오. 임금이 임금답지 않고, 신하가 신하답지 않고, 아비가 아비답지 않고, 자식이 자식답지 않으면, 비록 곡식이 있다 한들 내 어찌 그것을 먹을 수 있겠소."

■

齊景公 問政於孔子, 孔子對曰 君君臣臣父父子子, 公曰善哉 信如君不君 臣不臣 父不父 子不子 雖有粟 吾得而食諸(제경공 문정어공자, 공자대왈 군군신신부부자자, 공왈선재 신여군불군 신불신 부불부 자불자 수유속 오득이사제)

[옮긴이 생각]

모든 사람이 각자의 위치에서 주어진 본분을 다 해야 나라와 사회가 바르게 유지된다는 말이다.

우리는 각자 가슴에 손을 얹고 생각해 볼 일이다. 나는 한 사람의 시민으로서 민주 시민답게 살고 있는가, 나는 한 사람의 가족 구성원으로서 가족 구성원답게 살고 있는가, 나는 한 사람의 조직원으로서 부장이면 부장답게 사원이면 사원답게 살고 있는가?

국회의원이면 국회의원답게, 교사면 교사답게, 의사면 의사답게, 은행원이면 은행원답게, 장사꾼이면 장사꾼답게 살고 있는가?

☞경공(景公) : 춘추 전국 시대 제(齊)나라의 임금. 이름은 저구(杵臼)이다.

269

14

송사 없는 세상

공자가 말했다.

재판을 할 때는 나도 다른 사람들처럼 하고 있지만, 반드시 송사 없는 세상을 만들고 싶구나.

■

聽訟 吾猶人也 必也使無訟乎

(청송 오유인야 필야사무송호)

[옮긴이 생각]

재판관이 공정하게 시시비비를 가려 주는 것도 중요하지만, 정말 근본이 바로선 사회라면 송사가 아예 일어나지 않을 것이다. 송사가 아예 일어나지 않게, 인간을 교육하고 사회 기풍을 진작시키고, 나라를 잘 다스리는 것이 공자의 바람이었다.

270

15

• • • • •
게으르지 말고 불성실하지 말고

자장이 공자에게 물었다.

"선생님, 정치는 어떻게 해야 합니까?"

공자가 말했다.

"벼슬자리에 있을 때는 온 정성을 다해야 하고, 정책을 실행에
옮길 때는 몸과 마음을 다 바쳐 전력 투구해야 한다."

■

子張問政 子曰 居之無倦 行之以忠(자장문정 자왈 거지무권 행지이충)

[옮긴이 생각]

처음 벼슬자리에 나갈 때의 각오와 넘쳐나던 의욕도, 시간이 지
남에 따라 게을러지고 교만해지고 무사안일에 빠져서 최선을 다
하지 않게 되는 것이 사람의 일반적인 속성이다. 공자는 제자인
자장이 소극적이므로 제자의 타성을 분발시킨 것이다.

☞ 자장(子張) : 공자의 제자. 진(陳)나라 사람.

16
· · · · ·
군자는 바람, 소인은 풀

계강자 : 정치란 무엇입니까?

공자 : 정치는 '바르게 하는 것'입니다. 당신이 솔선해서 자신을 바르게 한다면 누가 감히 비뚤어지겠습니까.

계강자 : 지금 이 나라에는 도둑이 많아 걱정입니다.

공자 : 당신이 탐욕을 부리지 않는다면 백성들은 상을 준다고 해도 도둑질을 하지 않을 것입니다.

계강자 : 나쁜 사람들을 죽이면, 백성들이 착하게 살려고 하지 않을까요?

공자 : 당신은 어찌 사람 죽이는 정치를 하려고 합니까. 당신이 선을 베풀면 백성도 선해질 것입니다. 지도자가 바람이라면 백성은 풀과 같습니다. 바람이 불면 풀은 바람이 불어 가는 쪽으로 눕게 마련입니다.

[옮긴이 생각]

지도자의 솔선수범을 강조한 말이다. 지도자가 자기 욕심을 버

리고 오로지 백성을 사랑하면 백성의 풍속도 순해질 것이고, 지도
자가 사나워서 백성을 학대하면 백성도 거칠어질 것이라는 뜻. 그
래서 지도자는 바람이고 백성은 풀이라고 비유했다. 풀은 바람 부
는 데로 쏠리는 것이기 때문이다.

　노나라의 계씨 집안은 임금의 권력을 빼앗았고, 계강자는 집안
의 적자 자리를 빼앗아 권력을 장악한 사람이다. 그러자 집안의
가신들이 주인의 행위를 본받아 배반하는 일이 비일비재했다.

　그래서 공자가 계씨 집안의 비행과 권력 남용을 나무란 것이다.

　계강자는 적자 자리를 빼앗은 사람이고 그런 사람이 권력을 잡
고 정치를 하고 있기 때문에 백성이 도둑질하는 것은 당연한 일
인데, 그런 근본적인 문제를 돌아보지 않고 단지 백성들의 도둑질
을 문제삼으므로 공자는 당신 자신을 돌아보라고 충고했다.

☞ **계강자**(季康子) : 노나라 대부 계손씨(季孫氏). 노나라의 실권자로 나라 일을
전횡했다.

273

17

사람을 사랑하는 것

번지가 공자에게 물었다.

"선생님, 어질다는 것은 무엇을 말합니까?"

공자가 말했다.

"사람을 사랑하는 것이다."

"그렇다면 안다는 것은 무엇을 말합니까?"

"사람을 알아보는 것이다."

번지가 공자의 말을 잘 알아듣지 못했다. 공자가 다시 말했다.

"정직한 사람을 발탁하고 부정부패한 사람을 발탁하지 않으면, 정직하지 않은 사람도 정직한 사람으로 만들 수 있다."

번지는 그래도 공자의 말을 잘 이해할 수가 없었다. 그래서 물러나와 자하에게 "방금 선생님께서 정직한 사람을 발탁하고 정직하지 않은 사람을 발탁하지 않으면 정직하지 않은 사람을 정직하게 만들 수 있다고 하시는데, 그것이 무슨 뜻인가?" 하고 물었다.

자하가 대답했다.

"옛날에 순임금께서 천하를 다스릴 때, 많은 사람 중에서 고요

274

(皐陶)를 골라 정사를 돌보게 하니 어질지 않은 자들이 멀리 가 버렸고, 탕임금께서 천하를 다스릴 때 많은 사람 중에서 이윤(伊尹)을 택해 정사를 돕게 하니 어질지 않은 자들이 멀리 가 버렸었네."

☞번지(樊遲) : 공자의 제자. 이름은 수(須). 노나라 사람.
☞고요(皐陶) : 순임금 때의 어진 신하. 자는 정견(庭堅)이고 지금의 법무부 장관.
☞이윤(伊尹) : 탕임금 때의 어진 신하. 명재상으로 알려졌다.

18
● ● ● ● ●
어진 인재를 얻으려면

계씨(季氏) 가문의 집안 일을 맡게 된 중궁이 공자에게 물었다.
"어떻게 하면 내가 맡은 임무를 잘 수행할 수 있겠습니까?"
공자가 말했다.
"일의 내용에 따라 각 분야별로 책임자에게 맡겨 처리하되 작은 잘못은 용서해 주어야 한다. 그리고 어질고 유능한 인재를 널리 구해 쓰면 될 것이다."
"어떻게 해야 어질고 유능한 인재를 알아볼 수 있습니까?"
"네가 아는 사람 가운데서 유능한 사람을 발탁해 그의 능력과 적성에 맞는 일을 맡긴다면, 너도나도 네가 모르는 유능한 사람을 천거해 줄 것이다."

[옮긴이 생각]

계씨(季氏) 집안은 노나라의 왕실을 손 안에 놓고 쥐락펴락할 만큼 커다란 권세를 가진 집안이다. 공자의 제자 중궁이 계씨 집안의 일을 맡은 총책임자 자리에 취직했다.

276

이런 제자를 위해 공자가 훈수를 하고 있다. 일을 혼자 다 하려고 하지 말고, 각 분야의 책임자에게 맡겨 책임지고 처리케 해야 아랫사람들이 책임감을 가지고 적극적으로 일을 할 것이라는 말과, 그러기 위해서는 능력 있고 재주 있는 사람을 찾아야 한다는 말을 해 주었다.

우선 자기가 아는 사람 가운데 능력 있는 사람을 골라 쓰면, 남들도 자기가 알고 있는 능력 있는 사람을 천거할 것이므로, 능력 있고 재주 있고 양심적인 사람을 찾아 쓰는 일은 어렵지 않을 것이라고 말하고 있다.

☞중궁(仲弓) : 공자의 제자 염옹(冉雍). 노나라 사람. 덕행이 뛰어난 사람으로 알려졌다. 설공(薛公)에 봉해졌다.

277

19
•••••
명분을 바르게 세워라

자로가 공자에게 물었다.

"선생님, 위(衛)나라 임금이 선생님께 나라 일을 맡긴다면 선생님께서는 어떤 일을 먼저 하시겠습니까?"

"나는 명분을 바르게 세우는 일을 먼저 하겠다."

"선생님은 현실에 어두우시군요. 위나라와 같은 어지러운 환경에서 어찌 명분을 바르게 할 수 있겠습니까? 과연 그 일이 가능할까요?"

공자가 다시 말했다.

"속물이구나! 유여! 군자는 자신이 알지 못하는 일에는 입을 다무는 법이다. 내가 어찌 할 수 없는 일을 말하겠느냐. 명분이 바르지 않으면 말이 이치에 맞지 않게 되고, 말이 이치에 맞지 않으면 일이 잘 될 수 없고, 일이 잘 되지 않으면 예(禮)와 악(樂)의 제도가 제대로 시행되지 못하고, 예와 악의 제도가 제대로 시행되지 못하면 형벌이 적법하게 적용되지 않을 것이고, 형벌이 적법하게 적용되지 않으면 백성은 손과 발을 어디

278

다 두어야 좋을지 모르게 된다. 그러므로 군자는 나라 일을 맡
으면 반드시 명분부터 먼저 세워야 한다. 명분이 서면 말을 이치
에 맞게 할 수 있고, 말을 이치에 맞게 하면 그 말을 반드시 실천
에 옮길 수 있을 것이다. 그러므로 군자가 하는 말에는 구차스러
움이 없는 법이다."

[옮긴이 생각]

당시 위나라 임금은 영공(靈公)이었다. 영공의 아내 남자(南子)
가 음란하여, 이를 부끄럽게 여긴 세자 괴외가 어머니를 죽이려
하다 뜻을 이루지 못하고 제나라로 망명했다. 어쨌든 괴외는 어머
니를 죽이려 했으니 천륜을 어긴 것이다.

영공은 둘째아들 영을 세자로 세우려 했으나 영이 사양했다.

얼마 후 영공이 죽자 미망인인 남자도 둘째아들 영을 왕위에 앉
히려 했으나 영은 끝까지 사양했다.

남자는 하는 수 없이 망명한 큰아들 괴외의 아들을 임금 자리에
앉혀 괴외의 귀국을 막았다.

괴외의 아들 첩은 할머니의 뜻에 따라 아버지가 앉아야 할 자리
를 차지하고, 아버지의 귀국을 막았으니 이 또한 천륜을 어긴 것
이다.

영공의 손자이자 괴외의 아들인 첩을 위군(衛君 : 위나라 임금)이
라 부르고, 그의 아버지인 괴외는 위세자(衛世子 : 위나라의 세자)

라고 부르게 되었으니 부자·군신의 명분이 완전히 뒤바뀐 것이다.

이 명분을 바로잡으려면 첩은 망명해 있는 아버지를 맞아들여 임금 자리를 양보하고 세자로 물러나야 하는 것이다.

공자는 이 명분을 바로 세워야 한다고 말했다.

공자의 제자 자로는 첩의 신하가 되어 있었으므로, 공자에게 '첩이 임금인 현실'을 무시하고 명분을 이야기한다고 말했고, 공자는 '뒤바뀐 현실'을 바로잡지 않고는 바른 정치를 할 수 없다고 말한 것이다.

☞명분 : 정명(正名), 즉 이름을 바르게 한다는 말. 군신, 부자와 같은 천륜 관계를 나타내는 불변적인 명칭을 가리킨다. 이름, 즉 명사는 불변하는 것이다. '바다'는 어느 경우에도 '바다'이고, '육지'는 어느 경우에도 '육지'이다. 그런데 어떤 사람이 바다를 육지라 부른다면, "나는 육지에 배를 띄우고 고기를 잡았다."는 말처럼 그 말이 이치에 맞지 않게 되는 것이다. 그러므로 이름을 바르게 한다는 것은 매우 중요한 일이다.

20

.....
함께 임금을 섬길 수 없는 사람

공자가 말했다.

비열한 사람과는 함께 임금을 섬길 수 없다.

총애를 얻지 못했을 때는 얻으려고 안달하고, 총애를 얻은 뒤에는 잃지 않으려고 안달한다.

잃지 않으려고 노심초사하다 보면 수단과 방법을 가리지 않게 된다.

■

鄙夫 可與事君也與哉, 其未得之也 患得之 旣得之 患失之, 苟患失之 無所不之矣(비부 가여사군야여재, 기미득지야 환득지 기득지 환실지, 구환실지 무소부지의)

[옮긴이 생각]

간악한 사람의 심정을 극적으로 표현한 말이다. 사람이 한번 부정한 곳에 발을 들여놓게 되면 헤어나기 힘든 것이다.

21
• • • • •
지도자는 솔선수범해야 한다

번지가 공자에게 물었다.

"선생님, 곡식은 어떻게 심어야 합니까?"

공자가 대답했다.

"곡식을 어떻게 심어야 하는지는 늙은 농부가 나보다 더 잘 알 것이다."

번지가 다시 물었다.

"선생님, 채소는 어떻게 가꾸어야 합니까?"

"그 역시 나는 늙은 농부보다 아는 것이 없다."

번지가 실망하는 눈치를 보이고 돌아가자, 공자가 이렇게 말했다.

"번지는 참으로 답답한 사람이구나. 윗사람이 예를 좋아하면 백성은 그를 공경하지 않을 수 없을 것이고, 윗사람이 의를 좋아하면 백성은 그에게 복종하지 않을 수 없을 것이고, 윗사람이 신의를 좋아하면 백성은 정성을 다하지 않을 수 없을 것이다. 이렇게 하면 사방의 백성이 포대기에 아기를 싸서 업고 모여들 것인데 번지는 어찌해서 곡식 심는 법이나 배우려고 하는가."

[옮긴이 생각]

번지가 공자의 문하에 들어와 수학하면서 농사나 짓고 채소나 가꾸는 것을 물어 본 그 자체가 어리석은 질문이었다.

이에 공자는 정치를 하는 사람은 지엽말단적인 일에 너무 신경 쓰면 안 된다는 것을 말하였다.

근본적인 문제를 해결하면 지엽말단적인 일은 저절로 해결되는 것이다.

☞번지(樊遲) : 공자의 제자.

22

• • • • •

알면 뭐해, 실천해야지

공자가 말했다.

시 3백 편을 다 외우고도, 나라 일을 처리하는 데 서투르고, 외국에 사신으로 나가 혼자서 일을 처리하지 못한다면, 아무리 시를 많이 안다고 한들 무슨 소용이 있겠는가.

■

誦詩三百 授之以政 不達 使於四方 不能專對 雖多 亦奚以爲
(송시삼백 수지이정 부달 사어사방 불능전대 수다 역해이위)

[옮긴이 생각]

학문의 실용성을 강조한 말이다. 아무리 배운 것이 많고 아는 것이 많다고 해도 그것을 실전에 써먹지 못한다면 그것은 곧 죽은 학문이고, 아무것도 모르는 것과 같다는 말이다.

옛날 중국에서 시는 사물의 이치를 꿰뚫고 인정에 뿌리를 두고 있으므로 시를 통해 풍속과 사회의 흐름을 알 수 있고, 정치의 잘

하고 잘못함을 알 수 있다고 보았다.

그리고 시는 직접 묘사하는 말이 아니라 넌지시 비유하는 말로 이루어졌으므로 그 비유법을 잘 알고 쓸 줄 아는 사람은 대화나 토론도 잘한다고 보았다.

말하자면 시를 아는 사람은 기본 교양이 잘 갖추어진 사람이라고 보았던 것이다.

☞詩(시) : 지금 시경(詩經)의 기본이 되었던 시를 말한다. 본래 시는 중국 사방에 퍼져 있는 것이 3천 여 편이었으나 공자가 중복되고 난삽한 것을 삭제하여 오늘의 시경 301편으로 확정지었다.

285

23
•••••
지도자의 마음가짐

공자가 말했다.

위(衛)나라의 공자 형은 집안을 잘 다스렸다. 처음 분가했을 때는 '그런대로 모았다'고 말했고, 살림이 조금 늘었을 때는 '이만하면 됐다'고 말했고, 나중에 넉넉해졌을 때는 '이 정도면 화려하다'고 말했다.

■

衛公子荊 善居室 始有 曰苟合矣 少有 曰苟完矣 富有 曰苟美矣
(위공자형 선거실 시유 왈구합의 소유 왈구완의 부유 왈구미의)

[옮긴이 생각]

일반적으로 사람은 권력을 잡거나 부유해지거나 하면 사치스러워지고 교만해지고 욕심이 한없어져서 끝없이 더 가지려고 탐욕을 부린다.

물질적으로 풍족하기만을 바라고, 지나치게 화려하게 살려고 하

286

면 마음이 물질에 묶이어 교만해지고 인색해진다.

공자 형이 한 말들, '그런대로 모았다', '이만하면 됐다', '이 정도면 화려하다' 고 한 뜻은, 물질적인 것에 마음이 이끌리지 않아, 현재 상태에 항상 만족했고, 그래서 마음의 평정을 유지할 수 있었음을 뜻한다.

공자는 형의 예를 들어 당시 귀족들의 탐욕과 사치를 경계한 것이다.

☞ 위(衛) : 춘추시대 제후국의 하나.
☞ 공자 형(公子荊) : 위(衛)나라 군주의 아들이며, 위나라 대부(大夫)를 지냈다. 형은 이름이다.

287

24
•••••
나라를 강하게 만들려면

공자가 위(衛)나라에 갈 때, 염유가 수레를 몰았다.

공자가 "위나라에는 인구가 매우 많구나." 하고 말했다.

염유가 공자에게 물었다.

"선생님, 인구가 이렇게 많은 걸 보니 강성한 나라인 듯한데, 여기에 무엇을 더 할 필요가 있겠습니까?"

"백성들의 살림을 넉넉하게 해 주어야 한다."

"백성들의 살림이 넉넉해지면, 거기에 또 무엇을 더 해야 합니까?"

"가르쳐야 한다."

[옮긴이 생각]

옛날에는 인구 많은 나라가 강성한 나라였다.

옛날 중국에서는 백성들이 살기 좋은 나라로 몰려 가 살았으므로, 백성이 많은 나라는 정치를 잘하는 나라라고 생각했다.

위나라는 백성이 많은 강성한 나라였다.

288

정치란 백성이 잘 먹고 잘 살 수 있게 해 주는 것이므로, 백성의 살림이 넉넉해지도록 도와 주고, 그런 다음에는 백성들을 가르쳐서 순화하여 문화가 꽃피는 나라를 만들어야 한다는 주장이다.

많은 인구, 풍요로운 경제력, 수준 높은 문화가 어우러져야 강한 나라인 것은 예나 오늘이나 다름이 없다.

나라뿐만 아니라 집안도 마찬가지다. 집안이 번성하려면 자손이 많아야 하고, 많은 자손들이나 주위의 친척들이 다 경제적으로 안정된 생활을 해야 하고, 그런 뒤에는 자손들을 잘 가르쳐서, 교육을 많이 받게 하면 그런 자손들이 사회 곳곳에서 중요한 자리에 오르게 되고 또 중요한 자리에 올라 일을 하고 있을 때, 우리는 그런 집안을 번성한 집안이라고 말하는 것이다.

☞**염유**(冉有) : 공자의 제자. 이름은 구(求). 자는 자유(子有). 그래서 염유라고도 부른다. 노나라 세도가 계씨의 가신이 된 적이 있다. 성격이 온화하고 겸손하고, 행동이 좀 소극적이었다.

289

25
. . . . .
말한마디가 나라의 흥망을 좌우한다

정공이 공자에게 물었다.

"한 마디 말로 나라를 일으킬 수 있다고 하는데, 그런 말이 있습니까?"

공자가 말했다.

"한 마디 말로는 그 뜻을 다 나타낼 수 없습니다만, 떠도는 이야기를 들으면 '임금 노릇 하기 어렵고 신하 노릇 하기 쉽지 않다'는 말이 있습니다. 만일 임금 노릇 하기 어려운 줄 알면, 그 말 한 마디가 나라를 일으키게 하는 데에 가장 가까운 말이 아니겠습니까?"

정공이 공자에게 다시 물었다.

"한 마디 말로 나라를 잃을 수 있다고 하는데, 그런 말이 있습니까?"

공자가 말했다.

"한 마디 말로는 그 뜻을 다 나타낼 수 없습니다만, 떠도는 이야기를 들으면 '나는 임금 노릇을 즐기는 것이 아니고 내가 하는

290

말을 누구도 어기지 못하는 것을 즐긴다'는 말이 있습니다. 만일 임금의 말이 올바른데 아무도 어기지 않는다면 그보다 좋은 말이 어디 있겠습니까. 그러나 그 말이 올바르지 않은데 아무도 어기지 않는다면 그 말이 한 마디로 나라를 잃게 하는 데에 가장 가까운 말이 아니겠습니까?"

[옮긴이 생각]

지도자가 되기는 쉬운 일이 아니다. 이 말은 지도자다운 지도자를 뜻하는 것이다. 아무렇게나 남의 윗자리에 앉아 있다면 몰라도 그의 직책을 유지하여 아랫사람들을 잘 통솔하고 존경받는 지도자란 지극히 어려운 것이다.

국가의 전복도 또한 마찬가지이다.

좋은 말을 시행하면 국가의 이익이 되지만 나쁜 명령을 내려서 시행하면 그 한 마디가 나라를 망하게 하는 것이다.

공자의 이 말을 재삼 음미해 볼 필요가 있다.

☞정공(定公) : 노나라 임금.

291

26
•••••
가까운 데 있는 사람이 따르고

섭공이 공자에게 물었다.
"좋은 정치란 어떤 것을 말합니까?"
공자가 말했다.
"가까운 데 있는 사람이 기뻐하며 따르고, 먼 데 있는 사람이 덕
을 사모하여 몰려오면 좋은 정치를 한다고 말할 수 있습니다."

■

葉公問政 子曰 近者 說 遠者 來

(섭공문정 자왈 근자 열 원자 내)

[옮긴이 생각]
　중국의 춘추 전국 시대에는 크고작은 나라들이 수백 개나 있어
서, 임금이 덕을 베풀고 정치를 잘해서 살기 좋다고 소문난 나라
는 사람들이 많이 몰려들어 살았다.
　반대로 살기가 불편하거나, 백성을 학대하는 나라에서는 살려고

292

하지 않았다.

그래서 공자는 좋은 정치란 백성들이 따르고 먼 나라 사람들이 살기 좋다는 소문을 듣고 살러 오는 나라를 만드는 것이라고 했다.

옛날 백성들은 임금의 은택을 입으면 기뻐하고 몰려들었으며 나라의 풍습을 듣고 몰려들었다. 그래서 가까운 자를 기쁘게 하며, 멀리 있는 자는 소문을 듣고 몰려온다고 했다.

☞ 섭공(葉公) : 초나라 섭현의 지방 장관.

27

• • • • •

하는 일 없이 천하를 다스린 사람

공자가 말했다.

하는 일 없이 천하를 다스린 사람은 순임금뿐이었다. 그분이 무
슨 일을 하셨겠느냐. 몸을 공손히 하시고 남쪽을 향해 앉아서 임
금 노릇을 하셨을 것이다.

■

無爲而治者 其舜也與 夫何爲哉 恭己正南面而已矣

(무위이치자 기순야여 부하위재 공기정남면이이의)

[옮긴이 생각]

지도자가 덕을 베풀고 좋은 인재를 등용하면 관료 사회는 맑아
지고 백성들은 그의 유풍에 힘입어 저절로 교화되게 된다. 그러면
지도자가 일일이 시키지 않아도 스스로 알아서 직분에 충실할 것
이고, 그렇게 하면 나라가 바로 서고 사회가 안정되므로, 지도자
는 각 부의 장관들에게 모든 책임을 부여하여 자신이 직접 바쁘게

294

애쓰지 않아도 저절로 나라가 다스려진다는 말이다. 그렇게 한 사람은 덕이 높으면서도 좋은 인재를 등용한 순임금뿐이었다고 공자는 말한다.

순임금은 공자의 정치적 이상 인물이었다.

현대에서도 훌륭한 지도자는 스스로 도덕적 모범을 보이고, 인재를 적재적소에 앉혀 일을 나누어 맡겨 책임지고 해 나가게 하는 사람일 것이다.

☞ **무위이치**(無爲而治) : 성인(聖人)의 덕은 지극히 커서 아무 일을 하지 않아도 저절로 다스려지다. 곧 하는 일 없이도 정치를 잘하는 것.
☞ **순**(舜) : 순임금. 이름은 중화(重華). 요(堯) 임금에게 임금 자리를 물려받아 태평성세를 이룬 성군(聖君).

28
•••••
지위에 맞는 지혜를 지녔다 해도

공자가 말했다.

자기가 맡은 일을 잘 처리할 만한 지혜를 지녔다 해도, 어진 것 [仁]을 지키지 못하면 지위를 잃게 된다. 맡은 일을 잘 처리할 만한 지혜를 지녔고 어진 것을 지킬 수 있다 해도, 위엄을 보이지 못하면 백성들이 공경하지 않는다. 맡은 일을 잘 처리할 만한 지혜를 지녔고 어진 것을 잘 지키며 위엄을 보인다 해도, 예(禮)로써 백성을 움직이지 못하면, 훌륭한 지도자라는 평가를 보류할 수밖에 없다.

[옮긴이 생각]

훌륭한 지도자는 일도 잘해야 하지만, 어진 마음으로 백성을 사랑하고 감싸안아야 한다.

만약 일만 앞세워 모든 것을 성과주의로 몰고 가면, 지도자는 가혹해질 수밖에 없고 따르는 사람은 피곤해질 수밖에 없다.

그러므로 지도자는 따뜻한 가슴으로 아랫사람을 감싸안지 않으

296

면 안 된다.

그러나 한없이 어질기만 해서도 안 된다. 때로는 엄격한 위엄을 보여야만 아랫사람들이 긴장하고, 공경의 자세를 흐트러뜨리지 않게 된다.

일을 처리하는 데 지혜롭고, 어진 마음으로 백성을 감싸안되 윗사람으로서의 위엄을 잃지 않으며, 사리에 맞고 이치에 합당하게 매사를 처리해야만 아랫사람들이 진심으로 존경하고 따를 수 있는 훌륭한 지도자가 될 것이다.

29
. . . . .
우환은 밖에 있지 않고

계씨(季氏)가 전유를 정벌하려고 할 때, 계씨의 가신으로 일하고 있는 염유와 계로가 공자에게 물었다.

"선생님, 계씨가 전유를 정벌하려고 하는데, 어떻게 생각하십니까?"

공자가 말했다.

"구야, 너의 잘못이다. 전유는 옛날 주(周)나라 선왕께서 동몽산 제주(祭主)로 삼으셨고, 그 영지는 노나라 안에 있다. 그러므로 전유의 영주는 노나라의 신하인데 어찌 정벌할 수 있겠느냐?"

염유가 공자에게 말했다.

"전유 정벌은 계씨가 하려는 것이고, 우리 두 사람은 그럴 생각이 없습니다."

"염유야, 주나라 문왕의 신하 주임(周任)이 '힘을 다하여 벼슬을 하되 감당할 수 없으면 물러난다.'고 말했다. 주인이 위태로울 때 붙잡아 주지 못하고, 주인이 넘어질 때 일으켜 주지 못한다면, 신하로서의 보필을 어디에 쓰겠느냐. 우리에 가둬둔 범

298

이나 들소가 우리 밖으로 뛰쳐나오고 귀갑(龜甲)이나 보옥(寶玉)이 궤 속에서 깨어졌다면 그것은 누구의 잘못이겠느냐?"

"전유는 성이 견고하고 또 비읍에 가까이 있으므로 지금 쳐서 합병하지 않으면 뒷날 반드시 걱정거리가 될 것입니다."

"군자는 자신의 욕망을 감추고 탐내지 않는 척하는 태도와 말을 꾸미는 버릇을 미워한다. 나라를 다스리고 가문을 지켜 나가는 사람은, 따르는 사람이 적음을 근심하지 않고, 고르지 못함을 근심하며, 가난을 걱정하지 않고, 편안하지 않음을 걱정한다고 했다. 고르면 가난함이 없고, 화합하면 인구가 드물어지지 않고, 안정되면 기울어지는 일이 없다. 이와 같이 먼 곳 사람이 복종하지 않으면 학문과 덕을 닦아 교화시킴으로써 저절로 따라오게 하고, 이미 따라왔다면 편안하게 해 주어야 한다. 지금 너희 두 사람은 계손씨를 돕고 있으면서 먼 데 사람이 복종하지 않는데도 오게 하지 못하고, 나라가 쪼개지고 갈라지는데도 지키지 못하고, 도리어 나라 안에서 창과 방패로써 전쟁을 일으킬 일을 도모하니, 나는 계씨가 근심해야 할 대상이 전유에 있지 않고 제 집 안에 있는 것이 아닌가 두렵구나."

☞계씨(季氏) : 계손씨(季孫氏).노나라의 실력자. 왕실을 허수아비로 만들고, 4대를 이어 가며 나라의 실권을 손 안에 쥐고 흔들었다.
☞전유(顓臾) : 노나라의 속국. 풍씨(風氏) 성을 가진 씨족들이 모여 살던 지역.

30
·····
다섯가지 미덕과 네가지 악덕

자장이 공자에게 물었다.

"선생님, 어떻게 해야 정치를 잘 할 수 있습니까?"

공자가 말했다.

"다섯 가지 미덕을 존중하고 네 가지 악덕을 물리치면 정치를 잘 할 수 있다."

"다섯 가지 미덕은 무엇을 말합니까?"

"은혜를 베풀되 아무에게나 가리지 않고 베풀지 않으며, 힘써 도와 주되 원망하지 않으며, 어떤 일을 이루고자 의욕을 갖되 탐욕스럽게 덤비지 않으며, 태연하여 흔들리지 않은 모습을 보이되 교만하지 않으며, 위엄이 있지만 무섭지 않아야 한다."

"네 가지 악덕은 무엇을 말합니까?"

"교화시키지 아니하고 죄만 따져서 죽이는 것을 잔혹하다 말하고, 미리 가르쳐 주지 아니하고 성과만 재촉하는 것을 난폭하

300

다고 말하고, 명령은 늦게 내리고 나서 빨리 하라고 다그치는 것을 도적〔惡賊〕이라고 이르고, 당연히 주어야 할 것을 주지 않는 것을 악덕 관리의 심보라고 말한다.

이것이 네 가지 악덕이다."

[옮긴이 생각]

공자에게 정치에 관한 질문이 여럿이었으나 이 말처럼 자세하게 가르쳐 준 데는 없다.

공자가 제왕(帝王)의 다스림을 계승하여 태평성세를 이룰 수 있는 처방을 적나라하게 보여 준 답변이다.

논어의 마지막을 장식하기 전에 이 답변을 삽입하여 위정(爲政)의 귀감으로 삼은 것 같다.

☞ 자장(子張) : 공자의 제자 전손사(顓孫師). 진(陳)나라 사람.

31
·····
임금에게 너무 자주 간하면

자유가 말했다.

임금에게 너무 자주 간하면 도리어 화를 당하게 되고, 벗에게 너무 자주 충고하면 도리어 사이가 멀어진다.

■

事君數 斯辱矣 朋友數 斯疎矣
(사군삭 사욕의 붕우삭 사소의)

[옮긴이 생각]

충언이나 충고 같은 쓴말은 받아들이는 쪽이 흔쾌하게 포용하지 않으면 오히려 그것이 화가 되어 나에게 돌아오는 경우가 많다. 그러므로 충언이나 충고는 꼭 필요할 때만, 아끼고 아꼈다가 진심을 실어 해 주어야 한다.

☞ 자유(子游) : 공자의 제자 언언(言偃). 학문에 뛰어났다. 10철(十哲)의 한 사람.

302

32
‥‥‥‥
작은 이익에 한눈팔지 마라

노나라의 지방 관리가 된 자하에게 공자가 말했다.

"일을 빨리 하려고 서두르지 말고, 작은 이익에 한눈팔지 마라. 일을 빨리 하려고 서두르면 실수하게 되고, 작은 이익에 한눈팔면 큰 일을 이루지 못한다."

■

無欲速 無見小利 欲速則不達 見小利則大事 不成
(무욕속 무견소리 욕속즉부달 견소리즉대사 불성)

[옮긴이 생각]

노나라 거보(莒父) 땅의 관리가 된 자하가 공자에게 정치에 관해 물으니, 공자가 대답한 것이다.

공자는 자하의 성격이 급하고 사소한 일에 집착하는 단점을 파악하고, 일을 할 때는 서두르지 말고 사소한 일에 집착하지 말라고 경계하고 있다.

공자의 제자들
● ● ● ● ●

공자에게 수업을 받고 달통한 제자들은 총 77명으로 이들은 다 뛰어난 선비였다.

덕행(德行)에 뛰어난 제자 : 안연(顔淵), 민자건(閔子騫), 염백우
　　(冉伯牛), 중궁(仲弓)
정사(政事)에 뛰어난 제자 : 염유(冉有), 계로(季路)
언어(言語)에 뛰어난 제자 : 재아(宰我), 자공(子貢)
문학(文學)에 뛰어난 제자 : 자유(子游), 자하(子夏)
　이들을 공자 문하의 10철(十哲)이라고 한다.

※ 사(師)는 편벽되고, 삼(參)은 노둔하고, 시(柴)는 어리석고, 유(由)는 거칠고, 회(回)는 너무 가난하고, 사(賜)는 재물을 늘리는 명(命)을 받지 못했는데 예측하면 적중했다.

304

공자 제자들의 봉작(封爵) 칭호(稱號)

1. **안회**(顔回) : 자는 자연(子淵)이고, 노(魯)나라 사람이며, 연
   국복성공(兗國復聖公)에 봉해졌다.

2. **증삼**(曾參) : 자는 자여(子輿)이고, 노(魯)나라 무성(武城) 사
   람이며, 성국종성공(郕國宗聖公)에 봉해졌다.

3. **민손**(閔損) : 자는 자건(子騫)이고, 노(魯)나라 사람이며, 비
   공(費公)에 봉해졌다.

4. **염옹**(冉雍) : 자는 중궁(仲弓)이고, 노(魯)나라 사람이며, 설
   공(薛公)에 봉해졌다.

5. **단목사**(端木賜) : 자는 자공(子貢)이고, 위(衛)나라 사람이며,
   여공(黎公)에 봉해졌다.

6. **중유**(仲由) : 자는 자로(子路)이고, 변(卞) 땅 사람이며, 위공
   (衛公)에 봉해졌다.

7. **복상**(卜商) : 자는 자하(子夏)이고, 위(衛)나라 사람이며, 위
   공(魏公)에 봉해졌다.

8. **염경**(冉耕) : 자는 백우(伯牛)이고, 노(魯)나라 사람이며, 운
   공(鄆公)에 봉해졌다.

9. **재여**(宰予) : 자는 자아(子我)이고, 노(魯)나라 사람이며, 제
   공(齊公)에 봉해졌다.

10. **염구**(冉求) : 자는 자유(子有)이고, 노(魯)나라 사람이며, 서공(徐公)에 봉해졌다.

11. **언언**(言偃) : 자는 자유(子游)이고, 오(吳)나라 사람이며, 오공(吳公)에 봉해졌다.

12. **전손사**(顓孫師) : 자는 자장(子張)이고, 진(陳)나라 사람이며, 진공(陳公)에 봉해졌다.

13. **담대멸명**(澹臺滅明) : 자는 자우(子羽)이고, 무성(武城) 사람이며, 금향후(金鄕侯)에 봉해졌다.

14. **남궁괄**(南宮适) : 자는 자용(子容)이고, 노(魯)나라 사람이며, 여양후(汝陽侯)에 봉해졌다.

15. **원헌**(原憲) : 자는 자사(子思)이고, 송(宋)나라 사람이며, 임성후(任城侯)에 봉해졌다.

16. **증점**(曾點) : 자는 자석(子晳)이고, 노(魯)나라 무성(武城) 사람이며, 채무후(柰蕪侯)에 봉해졌다. 증삼의 아버지이다.

17. **상구**(商瞿) : 자는 자목(子木)이고, 노(魯)나라 사람이며, 매창후(湏昌侯)에 봉해졌다.

18. **칠조개**(漆雕開) : 자는 자개(子開)이고, 채(蔡)나라 사람이며, 평여후(平輿侯)에 봉해졌다.

19. **사마경**(司馬耕) : 자는 자우(子牛)이고, 송(宋)나라 사람이며, 수양후(睢陽侯)에 봉해졌다.

20. **유약**(有若) : 자는 자유(子有)이고, 노(魯)나라 사람이며, 평

306

음후(平陰侯)에 봉해졌다.

21. **무마시**(巫馬施) : 자는 자기(子期)이고, 노(魯)나라 사람이
며, 동아후(東阿侯)에 봉해졌다.

22. **안신**(顏辛) : 자는 자류(子柳)이고, 노(魯)나라 사람이며, 양
곡후(陽穀侯)에 봉해졌다.

23. **조휼**(曹邺) : 자는 자순(子循)이고, 채(蔡)나라 사람이며, 상
채후(上蔡侯)에 봉해졌다.

24. **공손룡**(公孫龍) : 자는 자석(子石)이고, 위(衛 : 일설에는 楚)
나라 사람이며, 지강후(枝江侯)에 봉해졌다.

25. **진조**(秦祖) : 자는 자남(子南)이고, 진(秦)나라 사람이며, 견
성후(鄄城侯)에 봉해졌다.

26. **안고**(顏高) : 자는 자교(子驕)이고, 노(魯)나라 사람이며, 뇌
택후(雷澤侯)에 봉해졌다.

27. **양사적**(壤駟赤) : 자는 자도(子徒)이고, 진(秦)나라 사람이
며, 상규후(上邽侯)에 봉해졌다.

28. **석작촉**(石作蜀) : 자는 자명(子明)이고, 진(秦)나라 사람이
며, 성기후(成紀侯)에 봉해졌다.

29. **공하수**(公夏首) : 자는 자승(子乘)이고, 노(魯)나라 사람이
며, 거평후(鉅平侯)에 봉해졌다.

30. **후처**(后處) : 자는 자리(子里)이고, 제(齊)나라 사람이며, 교
동후(膠東侯)에 봉해졌다.

31. **해용점**(奚容點) : 자는 자석(子晳)이고, 노(魯)나라 사람이며, 제양후(濟陽侯)에 봉해졌다.

32. **안조**(顔祖) : 자는 자양(子襄)이고, 노(魯)나라 사람이며, 부양후(富陽侯)에 봉해졌다.

33. **구정강**(句井彊) : 자는 자야(子野)이고, 위(衛)나라 사람이며, 부양후(滏陽侯)에 봉해졌다.

34. **진상**(秦商) : 자는 자비(子조)이고, 노(魯)나라 사람이며, 풍익후(馮翊侯)에 봉해졌다.

35. **공조구자**(公祖句玆) : 자는 자지(子之)이고, 노(魯)나라 사람이며, 즉묵후(卽墨侯)에 봉해졌다.

36. **현성**(縣成) : 자는 자기(子祺)이고, 노(魯)나라 사람이며, 무성후(武城侯)에 봉해졌다.

37. **연급**(燕伋) : 자는 자사(子思)이고, 진(秦)나라 사람이며, 견원후(汧源侯)에 봉해졌다.

38. **안지복**(顔之僕) : 자는 자숙(子叔)이고, 노(魯)나라 사람이며, 완구후(宛句侯)에 봉해졌다.

39. **악해**(樂欬) : 자는 자성(子聲)이고, 건성후(建成侯)에 봉해졌다.

40. **안하**(顔何) : 자는 자염(子冉)이고, 노(魯)나라 사람이며, 당읍후(棠邑侯)에 봉해졌다.

41. **적흑**(狄黑) : 자는 철지(哲之)이고, 위(衛)나라 사람이며, 임

려후(林慮侯)에 봉해졌다.

42. **공충**(孔忠) : 자는 자멸(子蔑)이고, 노(魯)나라 사람이며, 운성후(鄆城侯)에 봉해졌다(공자 형의 아들).

43. **공서점**(公西蒧) : 자는 자상(子尙)이고, 노(魯)나라 사람이며, 서성후(徐城侯)에 봉해졌다.

44. **시지상**(施之常) : 자는 자항(子恒)이고, 노(魯)나라 사람이며, 임복후(臨濮侯)에 봉해졌다.

45. **진비**(秦非) : 자는 자지(子之)이고, 노(魯)나라 사람이며, 화정후(華亭侯)에 봉해졌다.

46. **신정**(申棖) : 자는 자속(子續)이고, 노(魯)나라 사람이며, 문등후(文登侯)에 봉해졌다.

47. **안쾌**(顔噲) : 자는 자성(子聲)이고, 노(魯)나라 사람이며, 제음후(濟陰侯)에 봉해졌다.

48. **복부제**(宓不齊) : 자는 자천(子賤)이고, 노(魯)나라 사람이며, 단보후(單父侯)에 봉해졌다.

49. **공야장**(公冶長) : 자는 자장(子長)이고, 제(齊)나라 사람이며, 고밀후(高密侯)에 봉해졌다.

50. **공탁애**(公析哀) : 자는 계차(季次)이고, 제(齊)나라 사람이며, 북해후(北海侯)에 봉해졌다.

51. **안무요**(顔無繇) : 자는 계로(季路)이고, 안회(顔回)의 아버지이며, 기국후(杞國侯)에 봉해졌다.

52. **고시**(高柴) : 자는 자고(子羔)이고, 위(衛)나라 사람이며, 공
성후(共城侯)에 봉해졌다.

53. **공백료**(公伯寮) : 자는 자주(子周)이고, 노(魯)나라 사람이
며, 수장후(壽張侯)에 봉해졌다.

54. **번수**(樊須) : 자는 자지(子遲)이고, 노(魯)나라 사람이며, 익
도후(益都侯)에 봉해졌다.

55. **공서적**(公西赤) : 자는 자화(子華)이고, 노(魯)나라 사람이
며, 거야후(鉅野侯)에 봉해졌다.

56. **양전**(梁鱣) : 자는 숙어(叔魚)이고, 제(齊)나라 사람이며, 천
승후(千乘侯)에 봉해졌다.

57. **염유**(冉孺) : 자는 자노(子魯)이고, 노(魯)나라 사람이며, 임
소후(臨沂侯)에 봉해졌다.

58. **백건**(伯虔) : 자는 자탁(子析)이고, 노(魯)나라 사람이며, 목
양후(沐陽侯)에 봉해졌다.

59. **염계**(冉季) : 자는 자산(子産)이고, 노(魯)나라 사람이며, 제
성후(諸城侯)에 봉해졌다.

60. **칠조차**(漆雕哆) : 자는 자렴(子斂)이고, 노(魯)나라 사람이
며, 복양후(濮陽侯)에 봉해졌다.

61. **칠조도**(漆雕徒) : 자는 자문(子文)이고, 노(魯)나라 사람이
며, 고원후(高苑侯)에 봉해졌다.

62. **유택**(酉澤) : 자는 자계(子季)이고, 노(魯)나라 사람이며, 추

평후(鄒平侯)에 봉해졌다.

63. **임부제**(任不齊) : 자는 자선(子選)이고, 초(楚)나라 사람이며, 당양후(當陽侯)에 봉해졌다.

64. **공량유**(公良孺) : 자는 자정(子正)이고, 진(陳)나라 사람이며, 모평후(牟平侯)에 봉해졌다.

65. **진염**(秦冉) : 자는 자개(子開)이고, 채(蔡)나라 사람이며, 신식후(新息侯)에 봉해졌다.

66. **공견구**(公堅芝) : 자는 자중(子中)이고, 노(魯)나라 사람이며, 양보후(梁父侯)에 봉해졌다.

67. **교단**(鄡單) : 자는 자가(子家)이고, 료성후(聊城侯)에 봉해졌다.

68. **한보흑**(罕父黑) : 자는 자색(子索)이고, 기향후(祈鄕侯)에 봉해졌다.

69. **신당**(申黨) : 자는 자주(子周)이고, 임천후(臨川侯)에 봉해졌다.

70. **영기**(榮菥) : 자는 자기(子祺)이고, 노(魯)나라 사람이며, 염차후(猒次侯)에 봉해졌다.

71. **좌인영**(左人郢) : 자는 자행(子行)이고, 노(魯)나라 사람이며, 남화후(南華侯)에 봉해졌다.

72. **정국**(鄭國) : 자는 자도(子徒)이고, 노(魯)나라 사람이며, 구산후(朐山侯)에 봉해졌다.

73. **원항**(原亢) : 자는 자적(子籍)이고, 악평후(樂平侯)에 봉해
졌다.

74. **염결**(廉潔) : 자는 자용(子庸)이고, 위(衛)나라 사람이며, 조
성후(阼城侯)에 봉해졌다.

75. **숙중회**(叔仲會) : 자는 자기(子期)이고, 노(魯)나라 사람이
며, 박평후(博平侯)에 봉해졌다.

76. **규병**(邽巽) : 자는 자렴(子斂)이고, 노(魯)나라 사람이며, 고
당후(高唐侯)에 봉해졌다.

77. **공서여**(公西輿) : 자는 자상(子上)이고, 노(魯)나라 사람이
며, 임구후(臨胊侯)에 봉해졌다.

78. **진항**(陳亢) : 자는 자금(子禽)이고, 진(陳)나라 사람이며, 남
돈후(南頓侯)에 봉해졌다.

79. **금장**(琴張) : 자는 자개(子開)이고, 위(衛)나라 사람이며, 평
양후(平陽侯)에 봉해졌다.

80. **보숙승**(步叔乘) : 자는 자거(子車)이고, 제(齊)나라 사람이
며, 박창후(博昌侯)에 봉해졌다.